Bernhard Hirsch, Jürgen Weber, Dominik Hammer, Klaus Schuberth
und Mathias Erfort
Controlling in öffentlichen Institutionen

Herausgeber der Schriftenreihe: Prof. Dr. Dr. h.c. Jürgen W

Prof. Dr. Bernhard Hirsch ist Direktor des Instituts für Controlling, Finanz- und Risikomanagement der Universität der Bundeswehr München. Er ist Schriftleiter der Zeitschrift für Controlling & Management sowie Autor zahlreicher Fachartikel und Bücher.

Prof. Dr. Dr. h.c. Jürgen Weber lehrt Controlling an der WHU – Otto Beisheim School of Management in Vallendar. Seine Devise ist: »Nichts ist so gut für die Praxis wie eine gute Theorie«. Er ist Herausgeber der *Zeitschrift für Controlling & Management* sowie Autor zahlreicher Fachartikel und Bücher, u. a. der *Einführung in das Controlling*, und darüber hinaus einer der Gründungspartner der Managementberatung CTcon.

Dr. Dominik Hammer ist wissenschaftlicher Mitarbeiter am Institut für Controlling, Finanz- und Risikomanagement der Universität der Bundeswehr München. Er ist Lehrbeauftragter für Kostenrechnung an der Universität der Bundeswehr München sowie für Betriebswirtschaftslehre an der Fachhochschule Rosenheim.

Dr. Klaus Schuberth ist Bereichsleiter Controlling in der Zentrale der Bundesagentur für Arbeit in Nürnberg und Lehrbeauftragter für Controlling an der Otto-Friedrich-Universität Bamberg.

Dr. Mathias Erfort ist Principal bei der Managementberatung CTcon und Experte für die Einführung und Weiterentwicklung von Steuerung und Controlling in öffentlichen Institutionen. Mit den Schwerpunkten Unternehmenssteuerung, Controlling sowie Performance und Change Management unterstützt CTcon führende Konzerne und große öffentliche Organisationen bei der Konzeption und Implementierung von Steuerungsansätzen.

Bernhard Hirsch, Jürgen Weber, Dominik Hammer,
Klaus Schuberth und Mathias Erfort

Herausgeber der Schriftenreihe:
Prof. Dr. Dr. h.c. Jürgen Weber

Controlling in öffentlichen Institutionen

Advanced Controlling, Band 69

WILEY-VCH Verlag GmbH & Co. KGaA

1. Auflage 2009

**Bibliografische Information
der Deutschen Nationalbibliothek**
Die Deutsche Nationalbibliothek verzeichnet diese Publikation in der Deutschen Nationalbibliografie; detaillierte bibliografische Daten sind im Internet über http://dnb.d-nb.de abrufbar.

© 2009 WILEY-VCH Verlag GmbH & Co. KGaA, Weinheim

Alle Rechte, insbesondere die der Übersetzung in andere Sprachen, vorbehalten. Kein Teil dieses Buches darf ohne schriftliche Genehmigung des Verlages in irgendeiner Form – durch Fotokopie, Mikroverfilmung oder irgendein anderes Verfahren – reproduziert oder in eine von Maschinen, insbesondere von Datenverarbeitungsmaschinen, verwendbare Sprache übertragen oder übersetzt werden. Die Wiedergabe von Warenbezeichnungen, Handelsnamen oder sonstigen Kennzeichen in diesem Buch berechtigt nicht zu der Annahme, dass diese von jedermann frei benutzt werden dürfen. Vielmehr kann es sich auch dann um eingetragene Warenzeichen oder sonstige gesetzlich geschützte Kennzeichen handeln, wenn sie nicht eigens als solche markiert sind.

Printed in the Federal Republic of Germany

Gedruckt auf säurefreiem Papier.

Satz   Kühn & Weyh, Freiburg
Druck und Bindung   CPI – Ebner & Spiegel GmbH, Ulm
Umschlaggestaltung   init GmbH, Bielefeld
ISBN: 978-3-527-50443-5

Inhalt

Geleitwort 7

Vorwort 9

1 **Warum Controlling in öffentlichen Institutionen?** *11*

2 **Theoretische Vorarbeiten und praktische Rahmenbedingungen** *13*
   New Public Management (NPM) *13*
   Das Neue Steuerungsmodell (NSM) *14*
   Die Bedeutung des Controllings in öffentlichen Institutionen *18*
   Lassen sich Erfahrungen der Unternehmenspraxis auf das Controlling
   öffentlicher Institutionen übertragen? *21*

3 **Modernes Verwaltungscontrolling auf Bundesebene: Controlling in der Bundesagentur für Arbeit** *23*
   Die Bundesagentur für Arbeit im System der sozialen Sicherung *23*
   New Public Management in der Bundesagentur für Arbeit *23*
   Das Steuerungs- und Controllingsystem der BA *26*
   Neue Geschäftsprozesse in den Agenturen für Arbeit *29*
   Leitbild, strategische Geschäftsfelder und geschäftspolitische Ziele der BA *31*
   Vergleichstypen als Grundlage für Benchmarking und Leistungssteigerung
   innerhalb der BA *34*
   Aufbau, Auftrag und Rolle der Controllerorganisation der BA *36*
   Controllingprozess in der BA *37*
   Controllinginstrumente der BA *40*
   Wirkung der controllingunterstützten Steuerung der BA *42*

4 **Modernes Controlling auf Landesebene: Unterjährige Budgetsteuerung im Land Hessen** *45*
   Controlling in der Hessischen Staatskanzlei *45*
   Controllingorganisation *45*
   Berichtswesen *47*
   Erfahrungen und Ausblick *51*

5 Modernes Controlling auf kommunaler Ebene: Die Einführung der Doppik für Gemeinden 53
Warum ist die Einführung der Doppik sinnvoll? 53
Interview mit Roland Schwing, Landrat des Landkreises Miltenberg 56

6 Erfolgsfaktoren für Reformvorhaben in öffentlichen Institutionen und der Beitrag der Controller 61
Klare Zielvorstellung entwickeln 61
Rückendeckung sicherstellen 62
Steuerungsmodell aufsetzen 63
Transparenz schaffen 64
Konsequenz zeigen 65
Change Management betreiben 66

7 Literatur und nützliche Links: Wo können Sie sich zusätzlich informieren? 69

8 Stichwortverzeichnis 71

In eigener Sache 73

Geleitwort

Die Einführung und permanente Weiterentwicklung von Controlling in öffentlichen Institutionen kann enorme Wirkung entfalten – das zeigen beispielhaft die Beiträge in diesem AC-Band. Sie kostet aber auch erhebliche Kraft und erfordert einen langen Atem – auch das zeigen die Beispiele aus der Verwaltungspraxis. Aus eigener Erfahrung kann ich konstatieren, dass sich die Anstrengung lohnt: für die Steuer- und Beitragszahler, aber auch für die Mitarbeiter und Führungskräfte in den Behörden.

Die hochinteressanten Fallgestaltungen auf den Ebenen Bund, Land und Kommune können wahrscheinlich am besten nachvollzogen und entsprechend gewürdigt werden, wenn man sich die fachlich-theoretischen Hintergründe des Controllings, aber vor allem die besonderen Rahmenbedingungen im öffentlichen Sektor in Erinnerung ruft. Dabei wird deutlich, dass zwar die grundsätzlichen Herausforderungen auf allen Ebenen nahezu identisch sind, dass die konkrete Ausgestaltung des Controllings aber auf die spezifische Situation der jeweiligen öffentlichen Institution angepasst werden muss. Den »One size fits all«-Ansatz gibt es erwartungsgemäß auch im öffentlichen Sektor nicht.

Die Potenziale in Wirkung und Wirtschaftlichkeit, die im öffentlichen Bereich nach wie vor gehoben werden können, sind trotz der seit vielen Jahren anhaltenden Diskussion zum New Public Management noch immer enorm. Adäquat ausgestaltete Steuerungs- und Controllingansätze können dies ganz erheblich unterstützen. In der Bundesagentur für Arbeit habe ich von Beginn meiner Tätigkeit an ein besonderes Augenmerk auf die Entwicklung eines wirkungsvollen Controllings gelegt. Heute erfüllt es mich mit Freude, wenn ich von den Experten in Wissenschaft, Praxis und Politik auf das »Musterbeispiel BA« angesprochen werde. Es bestätigt den eingeschlagenen Weg und soll andere öffentliche Institutionen ermutigen, die Einführung und Weiterentwicklung von Steuerung und Controlling engagiert zu betreiben.

Dr. h.c. Frank-J. Weise
Vorstandsvorsitzender
der Bundesagentur für Arbeit

Vorwort

Liebe Leser,

in den über zehn Jahren der Schriftenreihe Advanced Controlling haben wir breit über alle relevanten Felder des Controllings und Aktivitäten der Controller berichtet, Anstöße vorgenommen, Vorschläge unterbreitet, Lösungen präsentiert und Erfahrungen weitergegeben. Einzelne Branchen wurden dabei nicht betrachtet. Zum ersten Mal nehmen wir mit diesem AC-Band nun eine solche Fokussierung vor. Der Grund hierfür ist einfach: Die öffentliche Verwaltung weicht in zu vielen grundsätzlichen Aspekten von Unternehmen ab, sodass den Besonderheiten Rechnung zu tragen ist. Diese Besonderheiten wurden in der Vergangenheit stets gleichsam gebetsmühlenartig dafür herangezogen, die Einführung des Controllings in öffentlichen Institutionen zu verhindern oder zumindest stark zu verzögern.

Das Thema steht bei uns schon seit den späten 1980er-Jahren auf der Agenda. Vier Kongresse und diverse Dissertationen zeugen davon. Erst in den letzten Jahren konnte aber der Durchbruch erzielt werden. Der Wechsel von der Kameralistik zur Doppik markiert dies ebenso wie die neue outputorientierte Steuerung, die in vielen Verwaltungen verankert wurde. Mit diesem AC-Band wollen wir einen Überblick über den erreichten Stand geben. Neben einer konzeptionellen Einführung stehen deshalb auch praktische Beispiele im Mittelpunkt. Sie kommen aus einer Bundesbehörde, einem Bundesland und einer Kommune. Damit haben wir wesentliche Felder der öffentlichen Verwaltung abgedeckt.

Der Band ist folgerichtig eine »Gemeinschaftsproduktion« staatlicher und öffentlicher Institutionen. Sowohl Berater, Wissenschaftler als auch Vertreter der Praxis, also Repräsentanten des Staates auf Ebene des Bundes, der Länder und der Kommunen sind beteiligt. Der Band richtet sich aber nicht nur an öffentliche Verwaltungen, sondern auch an Controller in Unternehmen, die erfahren wollen, wie weit sich der Controlling-Gedanke nun auch im öffentlichen Bereich schon durchgesetzt hat.

Viel Spaß beim Lesen!
Ihr Jürgen Weber

1 Warum Controlling in öffentlichen Institutionen?

Stetig steigende Schulden bei Bund, Ländern und Kommunen, anspruchsvolle Bürger, die schneller denn je mit der Abwahl »ihrer« Politiker drohen und der Ruf nach einem wirkungsvollen Bürokratieabbau – selten stand die öffentliche Verwaltung vor so gewaltigen und vielschichtigen Herausforderungen wie heute. Die alte Tradition, dass juristische Konsequenzen von Gesetzen geprüft, abgewogen werden und deren Durchführung nach Regeln geschieht (vergleiche Maravic/Priddat 2008, S. 7), erscheint für viele öffentliche Institutionen nicht mehr zeitgemäß.

Als Alternative wird ein New Public Management (NPM) vorgeschlagen, das sich in Deutschland als Neues Steuerungsmodell (NSM) etabliert hat. Die jeweiligen Ausprägungs- und Umsetzungsmuster des NPM beziehungsweise NSM in einzelnen öffentlichen Institutionen sind jedoch höchst unterschiedlich. Aufgrund starr festgeschriebener Vorgaben für das Verwaltungshandeln fehlt es oftmals an geeigneten Instrumenten zur modernen Steuerung der Organisation und des Veränderungsprozesses (vergleiche Hunold 2003, S. 1; Tauberger 2008, S. 1).

Gemeinsam ist das Ziel aller Modernisierungsbemühungen, die Versorgung der Bevölkerung mit Produkten der Verwaltung und die Wahrnehmung der öffentlichen Aufgabe sicherzustellen. Vermieden werden sollen eine anhaltende Steigerung der Haushaltsdefizite und eine daraus resultierende marode und perspektivenlose Verwaltungsrealität. In diesem Kontext der modernen Steuerung öffentlicher Verwaltungen fällt immer häufiger der Blick auf die Bedeutung und die Rolle eines Verwaltungs-Controllings.

Als ein Steuerungsinstrument, das sich in privatwirtschaftlichen Unternehmen bewährt hat, erhält es infolge der Modernisierungsbemühungen in öffentlichen Institutionen seit Anfang der 1990er-Jahre eine zunehmende Bedeutung, da es – richtig eingesetzt – zu einer höheren Wirtschaftlichkeit und zu besseren Entscheidungen der Verwaltungsspitze beitragen kann. So kann das Controlling unter anderem durch die Schaffung von Transparenz, durch die Sicherung der Rationalität von Entscheidungsträgern und durch die Unterstützung der Verwaltungsführung mit betriebswirtschaftlichem Sachverstand einen wichtigen Beitrag zum Erfolg öffentlicher Institutionen leisten (vergleiche allgemein Weber/Schäffer 2006, S. 5 ff.; Hirsch/Mäder/Weber 2008, S. 233 ff.).

Starre Vorgaben verhindern oftmals den Einsatz geeigneter Instrumente

Die Bedeutung des Controllings in öffentlichen Institutionen wächst

Dieser Advanced Controlling-Band greift die zunehmende Bedeutung des Controllings für öffentliche Verwaltungen auf. Bevor wir erfolgreiche Praxisbeispiele der Einführung und Verwendung von Controllinginstrumenten und die dahinter liegenden konzeptionellen Vorentscheidungen auf Bundes-, Landes- und kommunaler Ebene aufzeigen (Kapitel 3 bis 5), skizzieren wir das Umfeld und theoretische Überlegungen, mit denen das Controlling im öffentlichen Kontext konfrontiert wird. So gehen wir in Kapitel 2 dieses Bandes auf die konzeptionellen Überlegungen zum New Public Management (NPM) und zum Neuen Steuerungsmodell (NSM) ein. Im Anschluss an die bereits angekündigten Praxisbeispiele werden wir in Kapitel 6 in einem letzten Schritt die aus unserer Sicht kritischen Erfolgsfaktoren und Rahmenbedingungen einer Einführung beziehungsweise Weiterentwicklung des Controllings in öffentlichen Institutionen aufzeigen.

2 Theoretische Vorarbeiten und praktische Rahmenbedingungen

New Public Management (NPM)

Unter dem Begriff New Public Management (NPM) werden weltweit Verwaltungsreformen verstanden, die einen Wechsel der Steuerung öffentlicher Institutionen von der Input- zur Outputorientierung beinhalten (vergleiche Schedler/Proeller 2006, S. 5).

Die Reformkonzepte des NPM wurden seit Ende der 1970er-Jahre in den westlichen Industriestaaten entwickelt (vergleiche Pook/Tebbe 2002, S. 12). Vertreter des NPM schlagen vor, dass sich der Staat auf seine Kernaufgaben fokussiert; Tätigkeiten, die nicht zu den Kernaufgaben gehören, sollen ausgegliedert und an private Anbieter vergeben werden. Eine stärkere Öffnung staatlicher Institutionen gegenüber dem Markt und marktwirtschaftlichen Prinzipien, eine Entbürokratisierung und auch die Übertragung betriebswirtschaftlicher Managementkonzepte auf die Verwaltung werden vorgeschlagen (vergleiche Braun 1997, S. 83).

Das NPM setzt auf drei Ebenen an:

- Auf der ersten Ebene wird der allgemeine, grundlegende Funktionswandel des Staates und der öffentlichen Verwaltung postuliert. Diese Ebene bezieht sich auf die wachsenden Zweifel an der generellen staatlichen Kompetenz für Problemlösungen und vor allem an der Finanzierbarkeit der bisherigen staatlichen Strukturen. Um der Verwaltung ihre Handlungs- und Gestaltungsspielräume zurückzugeben, liegt der Fokus auf der Ausgliederung von Aufgaben aus den staatlichen Institutionen in den privaten Kontext.
- Die so genannte Reforminitiative bildet den Schwerpunkt der zweiten Ebene. Dies betrifft vor allem die Struktur- und Handlungsbedingungen des öffentlichen Sektors. Dazu gehören unter anderem die Schaffung von Wettbewerbsbedingungen sowie eine verstärkte Wahlmöglichkeit der Nutzer (Bürger) in Bezug auf staatliche Leistungen.
- Auf der dritten Ebene liegt der Schwerpunkt auf der Binnenreform der Verwaltung. Sie beinhaltet organisationsinterne Reformen der Strukturen, Verfahren und der Personalführung in der öffentlichen Verwaltung. Darunter zählen unter anderem die Schaffung von Anreizsystemen zur Anhebung der Leistungsbereitschaft und die Motivation der Mitarbeiter. Die Herstellung einer hohen Transparenz der Verwaltungsleistung

Unter dem Begriff New Public Management (NPM) werden weltweit Verwaltungsreformen verstanden

Das Neue Steuerungsmodell (NSM) als Umsetzungsmuster des NPM in Deutschland

durch eine klare Zuordnung von Aufgaben, Ressourcen- und Ergebnisverantwortung ist dabei entscheidend (vergleiche Hunold 2003, S. 22).

Im Rahmen von Effizienzsteigerungsmaßnahmen der Verwaltung entwickelten sich im Laufe der Reformanstrengungen die folgenden wesentlichen Merkmale des NPM:

- Die Verwaltungssteuerung erfolgt mithilfe von real erreichbaren Zielen.
- Die Verwaltung wird durch Zielvereinbarungen gesteuert. Die Verwaltungsspitze erhält Zielvorgaben von der Legislative, die in einem Vertrag festgelegt werden. Diese Ziele werden gegebenenfalls an hierarchisch untergeordnete Bereiche durch eigene Zielvereinbarungen (Kontrakte) weitergegeben (vergleiche Schedler/Proeller 2006, S. 155).
- Staatliche Aufgaben werden teilweise an den Markt oder an Non-Profit-Organisationen zurückgegeben (Outsourcing). Durch die Abgabe überflüssiger Staatsaufgaben versucht die Verwaltung sich zu »verschlanken«, was eine klare Trennung von Staat und Wirtschaft zur Folge hat.
- Es werden Quasimärkte für Verwaltungsprodukte gebildet. Die Verwaltung entwickelt ein hohes Verständnis von Bürger- und Wirtschaftsnähe.

Die wirkungsorientierte Steuerung löst die klassische Inputsteuerung ab

Zusammenfassend kann das NPM als eine Idee der wirkungsorientierten Verwaltungsführung verstanden werden. Im Zuge der Umsetzung des NPM haben sich unterschiedliche Muster entwickelt. Im Folgenden wird mit dem neuen Steuerungsmodell ein für die Bundesrepublik Deutschland dominantes Muster vorgestellt.

Das Neue Steuerungsmodell (NSM)

Diese Form der Modernisierung ist in großem Ausmaß in Deutschland zu finden, wo sie sich als Umsetzungsmuster des internationalen Modells des NPM entwickelt hat (vergleiche Günther/Niepel/Schill 2002, S. 219).

Das NSM, das beispielsweise den Kommunen bereits 1993 vorgestellt wurde, geht zurück auf Empfehlungen der Kommunalen Gemeinschaftsstelle für Verwaltungsmanagement (KGSt) (vergleiche KGSt-Bericht 1993). Die KGSt ist das von Städten, Gemeinden und Kreisen gemeinsam getragene Entwicklungszentrum des kommunalen Managements. Sie wurde 1949 in Köln gegründet.

Das NSM baut, wie eingangs erwähnt, auf dem NPM-Ansatz auf und erweitert diesen in Richtung eines Modells einer wirkungsorientierten Steuerung. Die folgende Abbildung 1 erläutert die dahinter liegende Idee.

Im traditionellen System der bürokratischen Verwaltung werden die für den Staat zu erfüllenden Aufgaben definiert, die dann durch die von der Inputsteuerung festgelegten Mittel im jährlich revolvierenden Verfahren durch konkretes Verwaltungshandeln umgesetzt werden. Betriebswirtschaftlich wird dieser Produktionsprozess »Inputsteuerung« genannt. Die Ablösung dieser klassischen Inputbetrachtung im modernen Verwaltungshandeln wird im Rahmen der neuen Steuerung mittels einer Wirkungsorientierung erzielt; hier setzt damit auch die grundlegende Aufgabenkritik der traditionellen Verwaltung an. In der Konsequenz zeigt sich,

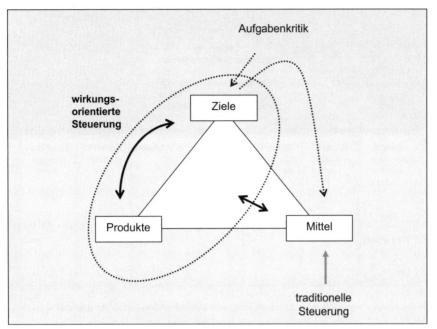

Abbildung 1: Wirkungsorientierte Steuerung
Quelle: Schedler/Proeller 2006, S. 131

dass als zentraler Steuerungsgegenstand demnach nicht mehr die zur Verfügung stehenden Mittel gelten, sondern vielmehr die von der Verwaltung angebotenen Produkte (Leistungen). Damit wird der klassisch unterstellte Zusammenhang zwischen den bereitgestellten Mitteln und der Erreichung der Ziele staatlichen Handelns durch die Definition und Steuerung von Produkten operationalisiert und messbar gemacht. Es wird ferner ermöglicht, dass für die Erbringung bestimmter Leistungen erforderliche finanzielle Mittel effizient zur Verfügung gestellt werden, indem deren Ressourcenverbrauch zuvor kalkuliert wird. Damit erfolgt die Ressourcenzuteilung in direkter Abhängigkeit der Leistungen und nicht wie früher als losgelöstes Steuerungsinstrument (vergleiche Schedler/Proeller 2006, S. 131 f.).

Das wichtigste Ziel des NSM ist die Umwandlung staatlicher Behörden zu öffentlichen Dienstleistungsunternehmen. Die Umwandlung beabsichtigt den Aufbau dezentraler Führungs- und Organisationsstrukturen sowie die Aktivierung dieser Strukturen durch Wettbewerb. Das NSM richtet sich zudem gegen die bürokratische Steuerung von Verwaltungen (vergleiche Müller 2004, S. 19). Abbildung 2 zeigt die Struktur des NSM auf.

Die Kernelemente, visualisiert als sieben Säulen im »Bauplan« des NSM (vergleiche Abbildung 2), präzisieren den allgemeinen Wirkungszusammenhang modernen Verwaltungshandelns, den

Die Kernelemente des Neuen Steuerungsmodells (NSM) zeigen den Wirkungszusammenhang

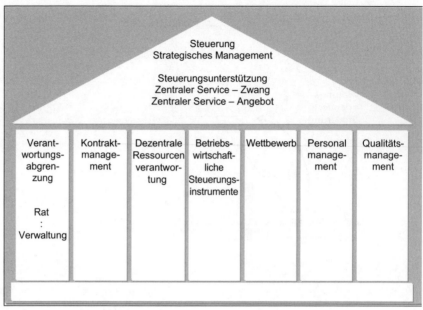

Abbildung 2: Elemente des Neuen Steuerungsmodells nach KGSt
Quelle: In Anlehnung an KGSt (1993), S. 2

wir in Abbildung 1 bereits vorgestellt haben. Im Speziellen können die folgenden Elemente beim Aufbau unterschieden werden (vergleiche KGSt 1993, S. 2 ff.):

- *Verantwortungsabgrenzung zwischen Politik und Verwaltung:*
  Zur präzisen Abgrenzung zwischen Politik und Verwaltung ist eine strikte Aufgabentrennung erforderlich. Hauptaufgabe der Politik ist die Bestimmung der Ziele, die Zuteilung der entsprechenden Budgets und die kontinuierliche Überprüfung der Zielerreichung durch die Verwaltung. Die Verwaltung führt die Leistungsaufträge aus und informiert die Politik regelmäßig über eventuell auftretende Abweichungen. Mittels Kontraktmanagement werden zwischen Rat und Verwaltungsführung, aber auch zwischen Verwaltungsführung und dezentralen Fachbereichen, Vereinbarungen getroffen, welche die Leistungen (so genannte Produkte) detailliert kennzeichnen.
- *Dezentrale Gesamtverantwortung in den Fachbereichen:*
  Die einzelnen Fachbereiche werden anhand ihrer Erfüllung der Leistungsvereinbarungen (Kontrakte) gemessen. Dadurch wird die Veränderung von der Input- zur Outputsteuerung ermöglicht. Aufgrund der dezentralen Gesamtverantwortung in den Fachbereichen ist es den Fachbereichen möglich, wirtschaftlich zu handeln. Deshalb erhalten die Mitarbeiter eine dezentrale Ressourcen- und

Theoretische Vorarbeiten und praktische Rahmenbedingungen

Eigenverantwortung, wobei es möglich ist, dass Ressourcen den Fachbereichen übertragen und in das darauf folgende Haushaltsjahr überschrieben werden.

- *Aufbau einer Konzernstruktur:*
Beim Aufbau einer Konzernstruktur innerhalb der öffentlichen Verwaltung werden Aufgaben und Kompetenzen umverteilt. Dies führt zu einer Verkleinerung der Querschnittsämter und zur Stärkung der Fachbereiche, die mit ihrer Fachkompetenz effizient und effektiv in den Leistungserstellungsprozess integriert werden.
- *Zentrale Steuerungs- und Controllingbereiche (Schaffung von Wettbewerb):*
Wie in Konzernstrukturen im privatwirtschaftlichen Unternehmen wird nun auch die Verwaltung mithilfe von ergebnisbezogenen Instrumenten gesteuert. Um sicherzustellen, dass die sich selbst steuernden Fachbereiche weiterhin als einheitliche Kommunalverwaltung führbar bleiben, muss gewährleistet sein, dass zwischen Fachbereichsebene und Politik eine der Verwaltungsführung zugeordnete Organisationseinheit für die nicht dezentralisierbaren strategischen Steuerungs- und Controllingaufgaben verantwortlich ist (vergleiche Hunold 2003, S. 28).

Die Zuständigkeit dieses Bereiches liegt unter anderem in der Bereitstellung von Informationen für den Rat und die Verwaltungsführung, der Koordination der Fach- und Haushaltsplanungen, der Vollzugskontrolle der Leitlinien, dem Berichtswesen und der Verbesserung des Steuerungsinstrumentariums (vergleiche Hunold 2003, S. 27 f.).

Zur Erreichung des Gesamtkonzepts ist es notwendig, weitere betriebswirtschaftliche Elemente der Privatwirtschaft aufzunehmen. Die bisherige Gliederung des Haushaltsplans nach Einnahmen und Ausgaben reicht in Bezug auf das in der Outputsteuerung verwendete Produktkonzept nicht mehr aus. Um die tatsächlichen Herstellungskosten bestimmen zu können, wird eine Kosten- und Leistungsrechnung empfohlen. In Hinblick auf die Bürger- und Kundenorientierung wird die Einführung eines Qualitätsmanagements, welches die Produktionsprozesse innerhalb der Verwaltung verbessert, vorgeschlagen. Um die Outputsteuerung zu aktivieren, sollen Wettbewerbsstrukturen zwischen den einzelnen Fachbereichen der Verwaltung beziehungsweise zwischen Verwaltungen geschaffen werden. Hierzu dienen zum Beispiel interkommunale Leistungsvergleiche. Mithilfe von klar definierten Zielen werden den Organisationsmitgliedern und der Führung eindeutige Planvorgaben gesetzt.

Die Verwaltung erhält unter anderem durch das Kontraktmanagement und die dezentrale Ressourcenverantwortung auf allen Ebenen diejenigen Freiheitsgrade, die sie zur Erreichung ihrer Vorgaben nutzen kann (vergleiche Hunold 2003, S. 29).

Das NSM gilt in der Wirtschaft und in der Praxis als tragfähige Lösung für die Steuerungs- und Managementprobleme der öffentlichen Verwaltung. Die Defizite werden identifiziert und es werden Lösungsvorschläge angebracht, die in die richtige Richtung weisen (vergleiche Hunold 2003, S. 29).

Weitere betriebswirtschaftliche Elemente sind zur Erreichung des Gesamtkonzepts notwendig

Die Bedeutung des Controllings in öffentlichen Institutionen

Bedingt durch die Erfolge, die das Controlling als Konzept der Führungsunterstützung in privatwirtschaftlichen Unternehmen aufwies, wurden bereits vor 20 Jahren Ansätze entwickelt, um das Controlling in der Verwaltung einzusetzen (vergleiche Braun/Bozem 1990, S. 9 f.; Brüggemeier 1994, S. 146 sowie Weber 1988, S. 171 ff.).

Mithilfe des Controllings soll den Führungskräften der Verwaltung die Möglichkeit gegeben werden, sich deren gewachsenen Anforderungen anzupassen. Deshalb kann Controlling als »Ansatz zur Bewältigung der zunehmenden Komplexität der Steuerung von Verwaltung« (Budäus 1992, S. 569) betrachtet werden. Die Begründungen, warum ein mit betriebswirtschaftlichen Methoden arbeitendes Controlling gerade auch für die öffentliche Verwaltung von Nutzen ist, sind bereits seit den 1980er-Jahren formuliert worden (vergleiche Hirsch/Mäder/Weber 2008, S. 234). In Abbildung 3 werden im Überblick zunächst wesentliche Einflussfaktoren aufgeführt, die die Notwendigkeit eines Controllings in öffentlichen Institutionen verdeutlichen.

Während der Einfluss knapper werdender Haushaltsmittel in den zuvor bereits erwähnten 1980er-Jahren relevant war, sind darüber hinaus auch die veränderten Rahmenbedingungen der öffentlichen Institutionen hinzugekommen. So ist beispielsweise der Anspruch der Bürgerinnen und Bürger an eine effiziente und kundenfreundliche Verwaltung heute ungleich anders, als dies noch vor 20 Jahren der Fall war. Gleichermaßen sehen sich zum Beispiel Kommunen mit veränderten Wettbewerbsbedingungen konfrontiert, zum Beispiel bei der Akquisition lukrativer Investitionen in ihrem Gemeindebereich (vergleiche Hirsch/Mäder/Weber 2008, S. 234).

Mit der Abkehr von der traditionell inputorientierten Steuerung hin zur Output- und Outcomesteuerung wurde ein Bewusstsein dafür eingefordert, dass Effizienz- und Effektivitätsüberlegungen in das Verwaltungshandeln integriert werden müssen, um diesen Veränderungen Rechnung zu tragen. Heutzutage sind bereits bemerkenswerte Erfolge bei der Einführung moderner Controllingsysteme in der öffentlichen Verwaltung zu verzeichnen (vergleiche Hirsch/Mäder/Weber 2008, S. 234 in Verbindung mit der großzahlig empirischen Studie zur Kostenrechnung in Kommunen Weber/Hunold 2002).

Infolge dieser veränderten Bedingungen für die öffentliche Verwaltung sowie derer sich in stetiger Veränderung befindlichen Strukturen ist eine Unterstützung durch wirksame Controllingsysteme als modernes Steuerungsinstrument unerlässlich geworden.

Im Kontext der Reformbestrebungen der öffentlichen Verwaltung ist es das Hauptziel des Verwaltungscontrollings, den Fokus von der ausgabenorientierten Steuerung auf eine ergebnisorientierte Steuerung zu verschieben (vergleiche Tauberger 2008, S. 5). Eine Einordnung des Verwaltungscontrollings in das 3-E-Konzept von Budäus (die drei E stehen für Effectiveness, Efficiency und Economy; vergleiche dazu Budäus/Buchholz 1997, S. 322–337 und Hoffjan 1997, S. 274) schafft dabei den notwendigen

---

Marginalien:

Effizienz- und Effektivitätsüberlegungen müssen in das Verwaltungshandeln integriert werden

Controlling als Ansatz zur Bewältigung von Komplexität bei der Steuerung

Der Fokus des Verwaltungscontrollings liegt auf einer ergebnisorientierten Steuerung

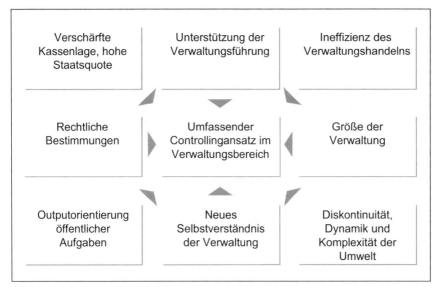

Abbildung 3: Einflussgrößen auf ein Verwaltungscontrolling
Quelle: In Anlehnung an Braun/Bozem 1990 in Verbindung mit Bähr 2002, S. 36

Bezugsrahmen für eine Trennung der einzelnen Betrachtungsebenen entlang des öffentlichen Wertschöpfungsprozesses, der in Abbildung 4 dargestellt wird.

Die Outcomeziele werden durch die politischen Vorgaben, die als Handlungsanweisungen in Form von Gesetzen und Programmen vorgegeben werden, konkretisiert. Die politischen Vorgaben und deren Ziele sind allerdings deutlich beeinflusst durch die politischen Rationalitäten, zum Beispiel durch auf politische Machterhaltungs- beziehungsweise Machterweiterungsstrategien ausgerichtete, schwierig zu operationalisierende und damit im Nachhinein auch schwer nachprüfbare Vorgaben (vergleiche Budäus 2002, S. 209).

Die Operationalisierung der Outcomeziele muss aus diesem Grund durch die öffentliche Verwaltung erfolgen, indem diese hinreichend messbare Leistungsziele formuliert, um eine Steuerungswirkung gewährleisten zu können (vergleiche Tauberger 2008, S. 8 und Budäus 2002, S. 208–209).

Auf der Betrachtungsebene der Effektivität werden die tatsächlich erzielten Ergebnisse (Outcome) mit den durch die Politik vorgegebenen Outcomezielen verglichen. Die Effektivitätsbetrachtung steht im Zusammenhang mit der Frage, ob die Verwaltung das Richtige macht und ist somit Gegenstand des strategischen Controllings (vergleiche Tauberger 2008, S. 9). Die Effizienzbetrachtung stellt den Input, definiert als Ressourcenverbrauch, insbesondere der Personal-, Sachmittel- und Finanzressourcen, dem Output, das heißt der von der Verwaltung erstellten Leistung, gegenüber.

Die Effizienz kann hinsichtlich wert- und mengenmäßiger Relationen unter-

Der Outcome integriert in das 3-E-Konzept: Effectiveness, Efficiency und Economy

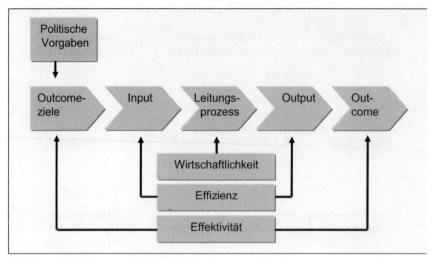

Abbildung 4: 3-E-Konzept und Wertschöpfungsprozess
Quelle: In Anlehnung an Tauberger 2008, S. 6

Die Kostenwirtschaftlichkeit des gesamten Leistungserstellungsprozesses steht im Mittelpunkt

schieden werden, die sich entweder als Effizienz im Sinne von Rentabilität oder Produktivität messen lassen. Effizienzbetrachtungen stehen im Kontext zu der Frage, ob die Verwaltung das, was sie macht, richtig macht. Sie sind Gegenstand des operativen Controllings (vergleiche Tauberger 2008, S. 9 f. und Budäus 2002, S. 209).

Auf der Ebene der Wirtschaftlichkeitsbetrachtung steht die Kostenwirtschaftlichkeit, die sich auf den gesamten Leistungserstellungsprozess bezieht, im Mittelpunkt. Sie stellt die Soll-Leistungsmenge in Verbindung mit den Soll-Kosten in Relation zu den Ist-Kosten. Ziel ist die wirtschaftliche Steuerung der Ressourcen (vergleiche Budäus 2002, S. 210). Für alle Betrachtungsebenen besteht das zentrale Problem der Operationalisierung der Ziele in aussagekräftige Kennzahlen, die realistische Soll-Größen und den tatsächlichen Ressourcenverbrauch miteinander verbinden. Aufgrund der fehlenden Marktmechanismen fehlt es der öffentlichen Verwaltung oft an externen Vergleichsmaßstäben.

Zusammenfassend muss ein wirksames Verwaltungscontrolling demnach die folgenden Aufgaben erfüllen können:

- Einführung von ziel- und ergebnisbezogenen Führungsprinzipien (Outputsteuerung)
- Delegation und Dezentralisierung von Entscheidungs- und Bewirtschaftungsbefugnissen
- Entwicklung und Bereitstellung einer leistungsorientierten Besoldung und Beförderung
- Schaffung betriebswirtschaftlichen Wissens bei den Mitarbeitern
- Erzeugung von systemimmanenter statt oktroyierter Wirtschaftlichkeit (vergleiche Bähr 2002, S. 35; Homann 2005, S. 10 ff.)

Lassen sich Erfahrungen der Unternehmenspraxis auf das Controlling öffentlicher Institutionen übertragen?

Bei der Übertragung betriebswirtschaftlicher Controllingkonzeptionen auf den Bereich der öffentlichen Verwaltung sind zahlreiche verwaltungsspezifische Besonderheiten zu adaptieren (vergleiche Homann 2005, S. 11 und Tauberger 2008, S. 6).

In der Literatur finden sich folgende Bedingungen und Restriktionen:

- Die Führungsentscheidungen der öffentlichen Verwaltung und ihr Handeln werden wesentlich durch Rechtsvorschriften bestimmt. Die grundgesetzliche Rechtsbindung und die daraus resultierende Verpflichtung zur Rechtmäßigkeit des Handelns sind von zentraler Bedeutung.
- Die Zielbildung der öffentlichen Verwaltung ist durch das Primat der Politik dominiert, das heißt politische Vorgaben sind für die Verwaltungsführung bindend zu berücksichtigen und schränken deren Gestaltungs- und Entscheidungsspielraum ein.
- Eine direkte Operationalisierung der Ziele ist aufgrund ihrer nichtökonomischen Art häufig nicht möglich. Zudem sind politische Zielvorgaben oftmals bewusst vage und unpräzise gehalten. Es gilt geeignete, zumeist mengenmäßige Indikatoren zur Messung der Zielerreichung zu identifizieren.
- Die öffentliche Leistungserstellung ist größtenteils nicht monetär bewertbar, da sie unentgeltlich abgegeben wird und nicht marktfähig ist. Die Zielorientierung wird folglich von Sachzielen gegenüber Formalzielen dominiert (Sachziele sind qualitativer Art, während Formalziele, untergliedert in Erfolgs- und Finanzziel, quantitativer Natur sind).
- Derzeitig ist das vorherrschende Rechnungssystem noch die Kameralistik, welche die für das Verwaltungscontrolling notwendigen Informationen über wertmäßige Güterbewegungen nicht liefert. Traditionelle Merkmale der Kameralistik hierbei sind unter anderem das Jährlichkeitsprinzip als Vorgabe der Bundeshaushaltsordnung sowie die nur einfache Buchführung in Form der Mittelverwaltung mithilfe von Kapiteln, Titeln und Kostenstellen.
- Die für eine erfolgreiche Implementierung unabdingbare breite Akzeptanz des Verwaltungscontrollings ist aufgrund des vorherrschenden Traditionalismus und Sicherheitsstrebens oftmals noch nicht gegeben (vergleiche Tauberger 2008, S. 6 f., Homann 2005, S. 11 ff.).

Neben diesen Bedingungen und Adaptionen finden sich in der theoretischen Konzipierung des NPM auch Strukturierungshilfen für ein umzusetzendes öffentliches Controlling. Die folgende Abbildung 5 visualisiert die Controlling-Struktur im New Public Management-Modell.

Aus der Abbildung geht hervor, dass für den Bereich des Controllings auf jeder Hierarchieebene die Aktivitäten einerseits zu verstärken sind und andererseits vor allem auch die Zusammenarbeit der verschiedenen Instanzen sichergestellt werden muss. Daraus wird eine zusätzliche Koordinierung dieser

Trotz zusätzlicher Koordinierungsaufgaben darf keine Parallelorganisation entstehen

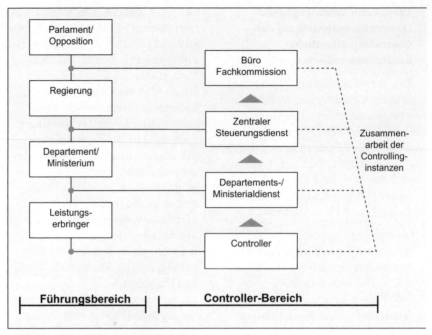

Abbildung 5: Controlling-Struktur im NPM
Quelle: In Anlehnung an Schedler/Proeller 2006, S. 95,
mit Verweis auf Egli/Käch 1995, S. 177

Aktivitäten erforderlich, jedoch soll gerade keine Parallelorganisation mit zusätzlichen Stäben aufgebaut werden (vergleiche Schedler/Proeller 2006, S. 94).

Im folgenden Abschnitt werden wir, wie bereits einleitend erwähnt, auf drei erfolgreiche Praxisbeispiele der Einführung und Verwendung von Controllinginstrumenten eingehen. Beginnend mit der Bundesebene wird mithilfe einer Fallstudie die erfolgreiche Umsetzung des Controllings am Beispiel der Bundesagentur für Arbeit ausführlich thematisiert. Eine Prinzipskizze der neu eingeführten unterjährigen Budgetsteuerung des Landes Hessen sowie ein Interview mit dem Landrat des Landkreises Miltenberg stehen exemplarisch für die Länder und kommunale Ebene öffentlicher Institutionen als weitere Praxisbeispiele.

3 Modernes Verwaltungscontrolling auf Bundesebene: Controlling in der Bundesagentur für Arbeit

Die Bundesagentur für Arbeit im System der sozialen Sicherung

Die Bundesagentur für Arbeit (BA) ist eine rechtsfähige bundesunmittelbare Körperschaft des öffentlichen Rechts mit Selbstverwaltung. Als Trägerin der Arbeitslosenversicherung bildet sie, neben der Unfall-, Kranken-, Pflege- und Rentenversicherung, eine der fünf Säulen der staatlich organisierten Sozialversicherung in Deutschland.

Mit den im Sozialgesetzbuch III (SGB III) – Arbeitslosenversicherung – festgelegten Leistungen soll sie insbesondere dazu beitragen, das Entstehen von Arbeitslosigkeit zu vermeiden oder die Dauer der Arbeitslosigkeit zu verkürzen. Indirekt soll sie dazu beitragen, dass ein hoher Beschäftigungsstand erreicht und die Beschäftigungsstruktur ständig verbessert wird. Hierfür bieten die BA beziehungsweise deren Agenturen für Arbeit Berufsberatung sowie Ausbildungs- und Arbeitsvermittlung und weitere unterstützende Leistungen an. So finanziert sie unter anderem Trainingsmaßnahmen zur Verbesserung der Eingliederungsaussichten, Mobilitätshilfen zur Aufnahme einer Beschäftigung und Zuschüsse zu den Arbeitsentgelten bei Eingliederung von leistungsgeminderten Arbeitnehmern. Sie übernimmt in bestimmten Fällen die Kosten beruflicher Weiterbildung, gewährt Insolvenzgeld bei Zahlungsunfähigkeit des Arbeitgebers, Kurzarbeitergeld bei Arbeitsausfall und zahlt sozialversicherungspflichtigen Beschäftigten im Falle der Erwerbslosigkeit Arbeitslosengeld I.

Im Rahmen des Sozialgesetzbuches II (SGB II) – Grundsicherung für Arbeitssuchende – sichert sie den Lebensunterhalt von erwerbsfähigen Hilfebedürftigen und Personen, die mit diesen in einer Bedarfsgemeinschaft leben, soweit diese ihn nicht auf andere Weise bestreiten können und bedürftig sind. Ihnen zahlt sie Arbeitslosengeld II. Mit ihren arbeitsmarktpolitischen Instrumenten unterstützt sie erwerbsfähige Hilfebedürftige bei der Eingliederung in Arbeit und versucht damit, Hilfebedürftigkeit zu verringern beziehungsweise zu beenden.

New Public Management in der Bundesagentur für Arbeit

Die Bundesagentur für Arbeit durchläuft seit dem Jahr 2003 einen grundlegenden und umfassenden Reformprozess von einer Behörde hin zu einem

Die Bundesagentur für Arbeit (BA) ist eine der fünf Säulen der staatlichen Sozialversicherung in Deutschland

Reformprozess in der BA

Ziel der ersten Reformphase: die BA »führbar« machen

leistungsfähigen öffentlichen Dienstleister. Den Kern der Reform bildet das in Kapitel 1 dieses Beitrags bereits skizzierte Konzept des »New Public Management«, also der Wechsel von der Input- zur Output- und Outcomeorientierung. Mit dem New Public Management rückt die Output- und Outcomeorientierung in den Mittelpunkt des Denkens und Tuns der BA. Entscheidend ist dann beispielsweise nicht mehr, wie viel Geld für arbeitsmarktpolitische Programme verausgabt wird (Input), sondern welche Integrationswirkung auf dem Arbeitsmarkt dadurch erzielt wird (Outcome). Die Wirkung arbeitsmarktpolitischer Instrumente wird zum finalen Entscheidungskriterium für ihren Einsatz. Effektivität und Effizienz werden zu zentralen Stellwerken der Steuerung. Kontinuierliche Verbesserung der Prozesse geht einher mit der Einführung und Weiterentwicklung eines leistungsfähigen Controllings. Der Transformationsprozess der Bundesagentur für Arbeit vollzog sich in drei Phasen (vergleiche Abbildung 6).

Ziel der ersten Reformphase war es, die BA »führbar« zu machen. Es ging um die Definition der für eine ergebnisorientierte, wirksame und wirtschaftliche Steuerung zugrunde zu legenden Erfolgsgrößen und die Schaffung von Transparenz über Wirkungs- und Finanzierungsströme durch die Aufhebung mischfinanzierter Leistungen und eindeutige Zuordnung der einzelnen Produkte zur Beitrags- oder Steuerfinanzierung. In Phase zwei erfolgte die Steigerung der operativen Leistung der Agenturen für Arbeit. Phase drei richtet die

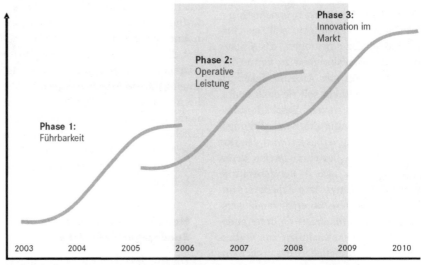

Abbildung 6: Phasen der Reform
Quelle: BA

BA unter der Überschrift »Innovation im Markt« auf die Zukunft aus. Vor dem Hintergrund eines kleiner werdenden Erwerbspersonenpotenzials und weiter steigender fachlicher Anforderungen an die Arbeitnehmer werden Konzepte für Prävention und lebenslanges Lernen beschrieben und die hierfür notwendigen arbeitsmarktpolitischen Instrumente und Trägerstrukturen entwickelt.

Soziale Sicherung in der Bundesrepublik Deutschland

Artikel 20 Grundgesetz definiert die Bundesrepublik Deutschland als republikanisch verfassten, demokratisch aufgebauten Bundes-, Rechts- und Sozialstaat. Aufgrund seiner starken normativen Kraft wird Artikel 20 GG auch als »Verfassung der Verfassung« bezeichnet. Er darf und kann ebenso wenig wie der den »Schutz der Menschenwürde« garantierende Artikel 1 GG geändert werden (»Ewigkeitsgarantie«). Beide Artikel ragen damit aus dem Grundgesetz heraus, sie sind »Staatsfundamentalnormen«.

Das Sozialstaatsgebot hat somit besondere verfassungsrechtliche Bedeutung. Es ist staatlicher Auftrag, soziale Gerechtigkeit in Gesetzgebung, Verwaltung und Rechtsprechung zu verwirklichen, um die Teilnahme aller am gesellschaftlichen Leben zu gewährleisten. Das in der Bundesrepublik Deutschland aufgebaute System der staatlichen sozialen Sicherung ist von den Prinzipien der Subsidiarität und der Solidarität bestimmt.

Subsidiarität stellt die Eigenverantwortung der Person vor staatliches Handeln. Demnach ist die Sicherung der eigenen Existenz vornehmlich dem Einzelnen und seiner Initiative überlassen. Staatliches Handeln soll erst dann einsetzen, wenn die eigenen Mittel oder die der Familie nicht ausreichen beziehungsweise kleine Gemeinschaften wie Vereine oder Wohlfahrtsverbände mit der konkreten Hilfeleistung überfordert sind. Die Tätigkeit privater Organisationen soll somit Vorrang vor staatlichen Aktivitäten haben.

Das Solidaritätsprinzip ist die strukturelle Basis der staatlichen sozialen Sicherung. Bürger und Versicherte bilden eine Solidargemeinschaft. Leistungen werden bei Notwendigkeit erbracht und richten sich in der Regel nach der Bedürftigkeit oder dem Rechtsanspruch und nicht nach dem individuellen Risiko des Versicherten. Im Gegensatz dazu steht das Äquivalenzprinzip privater Versicherungen, bei denen die Höhe des Beitrags vom individuellen Risiko und dem gewünschten Leistungsspektrum abhängt. Ausnahmen von der Regel sind Leistungen, die Lohnersatzfunktionen haben, zum Beispiel Arbeitslosengeld I. Ihre Höhe bemisst sich an der Höhe des zuvor erzielten Einkommens. Die Höhe der Rente ist unter anderem von der Anzahl und der Höhe der geleisteten Beiträge abhängig.

Die konkrete Umsetzung des Sozialstaatsgebots erfolgt in Deutschland durch die drei nebeneinander stehenden Systeme Grundsicherung, Sozialversicherung und öffentliche Versorgung (vergleiche Abbildung 7):

- Im Rahmen der Grundsicherung erhalten Bürger, wenn sie bedürftig sind, nach dem Fürsorgeprinzip aus Steuermitteln finanzierte Leistungen zur Sicherung des Lebensunterhalts, zum Beispiel Sozialgeld oder Arbeitslosengeld II.
- Demgegenüber erhalten beitragsfinanzierte Leistungen der Sozialversicherung (Arbeitslosenversicherung, Unfallversicherung, Krankenversicherung, Pflegeversicherung, Rentenversicherung) nach dem Versicherungsprinzip nur deren Mitglieder, die Versicherungsbeiträge gezahlt haben. Im Falle von Erwerbslosigkeit zum Beispiel Arbeitslosengeld I.
- Öffentliche Versorgung beruht auf dem Versorgungsprinzip. So erhalten bestimmte Personengruppen, wenn sie besondere Opfer oder Leistungen für die Gemeinschaft erbracht haben, zum Beispiel Kriegsopfer oder Beamte, aus Steuermitteln finanzierte Leistungen, etwa Kriegsopferentschädigung oder Pension.
- Ergänzt wird das System der sozialen Sicherung durch weitere Transferleistungen, etwa Elterngeld, Kindergeld oder BAföG.

Leistungen der	Solidargemeinschaft	Solidargemeinschaft	Solidargemeinschaft
nach dem	Fürsorgeprinzip	Versicherungsprinzip	Versorgungsprinzip
durch die	Grundsicherung	Sozialversicherung	öffentliche Versorgung
erhalten	alle Bürger, wenn sie bedürftig sind	Mitglieder der Sozialversicherung, wenn sie Versicherungsbeiträge gezahlt haben	bestimmte Bevölkerungsgruppen, wenn sie besondere Opfer oder Leistungen für die Gemeinschaft erbracht haben
finanziert durch	Steuermittel	Versicherungsbeiträge und Staatszuschüsse	Steuermittel

Abbildung 7: Prinzip und System der sozialen Sicherung
Quelle: BA

Das Steuerungs- und Controllingsystem der BA

Die Entwicklung eines Steuerungs- und Controllingsystems für die BA beginnt mit der Klärung der übergeordneten Ziele dieser Institution. Nur dann kann festgestellt werden, wann die Organisation erfolgreich ist, das heißt ihre Ziele erreicht. Im privatwirtschaftlichen Bereich ist die Festlegung der übergeordneten Ziele eines Unternehmens vergleichsweise einfach, da eindeutige Erfolgsgrößen für unternehmerisches Handeln zur Verfügung stehen, so beispielsweise die Kapitalrendite. Für öffentliche Organisationen ist das ungleich schwieriger.

So wurde die BA von Politik und Öffentlichkeit in der Vergangenheit an verschiedenen und teilweise inkompatiblen Erfolgsgrößen gemessen, wie der Senkung der Arbeitslosigkeit, der Budgeteinhaltung, der effektiven Vermittlung oder der Unterstützung von besonders benachteiligten Personengruppen.

Als Bundesbehörde und stark gesetzlich regulierte Institution hat die BA eine Vielzahl stark reglementierter Rahmenbedingungen und Aufgaben zu beachten. Im Gegensatz zu einem Unternehmen ist sie einem sehr viel breiteren Spektrum von Kunden verpflichtet und kann deshalb nicht den Weg der Spezialisierung einschlagen. Außerdem ist sie den Anforderungen einer Vielzahl von externen Interessengruppen ausgesetzt, die von ihr zum Ausgleich gebracht werden müssen. Schließlich führte auch die teilweise Mischfinanzierung ihrer Aktivitäten zu tendenziell unterschiedlichen Zieldefinitionen. Diese Mischfinanzierung und die damit verbundene Quersubventionierung verhinderte in der Vergangenheit, dass klare Leistungsbeziehungen zwischen den Finanzgebern (Beitrags- und Steuerzahlern) einerseits und der Gegenleistung der BA definiert werden konnten.

Aus Sicht der Beitragszahler ist die Erwartung legitim, dass sich die BA primär als Institution zur Absicherung des Risikos der Arbeitslosigkeit versteht, die im Falle von Erwerbslosigkeit Entgeltersatzleistungen gewährt. Aus der Sicht des Gemeinwesens fallen der BA aber auch gesamtgesellschaftliche und sozialpolitische Aufgaben zu, zum Beispiel die Förderung bestimmter Personengruppen oder die Schaffung von Beschäftigung außerhalb des regulären Arbeitsmarktes. Deshalb wurde die Aufgabenerfüllung der BA im Zuge der Reform an zwei verschiedenen Steuerungslogiken neu ausgerichtet: ökonomische Bewirtschaftung von Beitragsgeldern und wirkungsorientierte Erfüllung politischer Aufträge.

Die ökonomische Bewirtschaftung von Beitragsgeldern ist die erste Steuerungslogik im Geschäftssystem der BA. Die BA bietet ihren Beitragszahlern zeitlich begrenzte Absicherung gegen die wirtschaftlichen Folgen von Erwerbslosigkeit in Form von Arbeitslosengeld I sowie Hilfen zur Integration in den Arbeitsmarkt. Aus der Bedingung einer ökonomischen Bewirtschaftung der Beitragsmittel folgt, dass die Hilfen zur Wiedereingliederung in den Arbeitsmarkt zu einem wirtschaftlichen Nettoeffekt führen müssen: Sie sind nur dann ökonomisch sinnvoll, wenn zu erwarten ist, dass die finanziellen Effekte aus den eingesparten Leistungsbezügen und dem früheren Beginn der erneuten Beitragszahlung die finanziellen Aufwendungen übersteigen, die zur Integration erforderlich sind.

Im Rahmen der wirkungsorientierten Erfüllung politischer Aufträge nimmt die BA als Dienstleister von Politik und Gesellschaft sozialpolitische Aufgaben wahr, die weit über die Aufgaben einer Arbeitslosenversicherung hinausgehen. Hierunter fallen alle arbeitsmarktpolitischen Instrumente zur Bereitstellung von Marktersatz, die aus gesellschaftlichen Überlegungen betrieben werden, etwa Erhalt von Minimalqualifikationen, Verhinderung sozialer Verelendung oder die Unterstützung besonders benachteiligter Personengruppen bei der Wiedereingliederung in den Arbeitsmarkt.

Die BA wurde in der Vergangenheit an teilweise inkompatiblen Erfolgsgrößen gemessen

Sichtweisen von Beitragszahlern und Gemeinwesen unterscheiden sich

Durchbrechung der Mischfinanzierung und Einrichtung von zwei getrennten Rechnungskreisen

Hierbei besteht gesellschaftlicher Konsens, dass die dazu erforderlichen Aufwendungen gerade nicht einer ökonomischen Kosten-Nutzen-Überlegung unterworfen werden dürfen, sondern ausschließlich politisch festzulegen und zu rechtfertigen sind.

Voraussetzung für die Umsetzung beider Steuerungslogiken war die Durchbrechung der davor teilweise praktizierten Mischfinanzierung und die Einrichtung zweier getrennter Rechnungskreise, »Beitrag und Auftrag«, in denen Aufwendungen und Wirkungen für die zwei übergeordneten Zielsetzungen erstmals transparent dargestellt und nach einer klaren Logik gesteuert werden können (vergleiche Abbildung 8).

Im Rechnungskreis Beitrag werden beitragsfinanzierte Aufwendungen für alle Beitragszahler (Arbeitgeber und sozialversicherungspflichtig Beschäftigte) der BA und alle Empfänger von Arbeitslosengeld I in den Aufgabenbereichen ungeförderte Integration, geförderte Integration und Leistung verbucht. Im steuerfinanzierten Rechnungskreis Auftrag werden alle Aufwendungen und Marktwirkungen abgebildet, die für die geförderte Integration und Leistungszahlungen für alle Personengruppen anfallen, die einer gesetzlich oder politisch definierten Zielgruppe angehören, zum Beispiel für die Anspruchsberechtigten von Arbeitslosengeld II. Somit bilden die beiden Rechnungskreise die gesam-

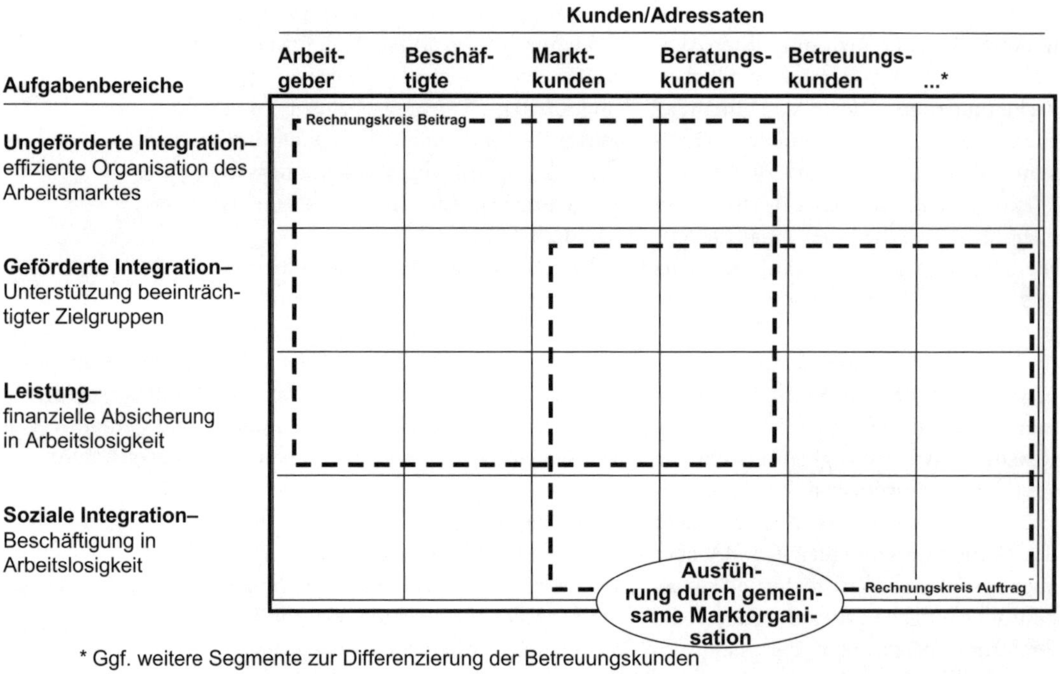

*Ggf. weitere Segmente zur Differenzierung der Betreuungskunden

Abbildung 8: Rechnungskreise ermöglichen eine klare Zuordnung von Aufgaben, Adressaten und Finanzierungsquellen
Quelle: BA

ten Aufwendungen der BA in allen Aufgabenbereichen und für alle Kundengruppen ab. Die Rechnungskreise sind buchungstechnische Konstrukte, in denen Aufgaben und Adressatenkreise zusammengefasst sind, sodass die jeweiligen Aufwendungen nach einer konsistenten Logik und nach einem klaren Mandat gesteuert werden können.

Neue Geschäftsprozesse in den Agenturen für Arbeit

Die Steuerung nach Wirkung und Wirtschaftlichkeit erforderte zwingend den organisatorischen Umbau der Arbeitsämter, die Bildung von Kundengruppen und die Einführung von Handlungsprogrammen.

In den Arbeitsämtern wurde die Aufbau- und Ablauforganisation vollständig umgebaut und Standardtätigkeiten von speziellen Tätigkeiten getrennt (vergleiche Abbildung 9). Der persönliche Zugang eines Kunden in die Agentur für Arbeit erfolgt heute über den Empfang. Hier wird das Kundenanliegen innerhalb von 30 Sekunden vorgeklärt. Anschließend geht der Kunde zur persönlichen Beratung in die Eingangszone, wo zum Beispiel die Arbeitslosmeldung erfolgt. Benötigt der Kunde keinen persönlichen Ansprechpartner, kann er sein Anliegen im Selbstbedienungsbereich der Agentur klären, zum Beispiel Stellenangebote aus dem Computersystem der BA ziehen. Viele Kundenanliegen können heute auch telefonisch geklärt

Völliger Umbau von Aufbau- und Ablauforganisation

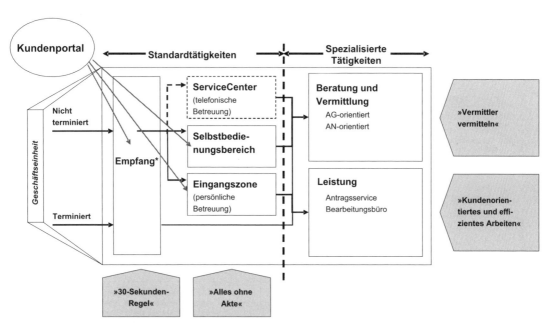

Abbildung 9: Vom Arbeitsamt zum Kundenzentrum: veränderte Aufbau- und Ablauforganisation in den Agenturen für Arbeit
Quelle: BA

Drei Kundengruppen werden unterschieden

werden. Hierfür hat die BA ihre telefonische Beratung in 52 Service-Centern konzentriert. Spezialisierte Tätigkeiten wie die Beratung und Vermittlung und die Bearbeitung von Leistungsanträgen finden im »Back Office« statt. Dies ermöglicht effizientes Arbeiten. Beratung erfolgt nach vorheriger Terminvereinbarung. Damit ist die Voraussetzung geschaffen, dass sich die Vermittler auf ihr Kerngeschäft konzentrieren können – »Vermittler vermitteln«.

Um mit der neuen Aufbau- und Ablauforganisation auch bessere Geschäftsergebnisse erzielen zu können, waren zwei weitere wesentliche Innovationen notwendig, nämlich die Unterscheidung in Kundengruppen und darauf aufbauende Handlungsprogramme (vergleiche Abbildung 10).

Die Arbeitsvermittler differenzieren ihre Kunden beim Zugang entsprechend ihren Fähigkeiten und ihrer Motivation in Marktkunden, Beratungskunden oder Betreuungskunden. Ein Marktkunde verfügt über eine relativ gute Qualifikation, die Wahrscheinlichkeit, einen neuen Arbeitsplatz zu bekommen, ist relativ hoch. Er benötigt Informationen und Vermittlungsdienstleistungen der Agentur. Ein Beratungskunde ist marktferner. Er hat oftmals Qualifikationsdefizite, benötigt einen Perspektivenwechsel (»aktivieren«) oder eine Qualifizierungsmaßnahme (»fördern«). Betreuungskunden sind die schwierigste Gruppe, ihre Marktferne ist am größten, sie müssen schrittweise wieder an den Arbeitsmarkt herangeführt werden. Passgenau für die jeweili-

Abbildung 10: »Fördern und Fordern«, Kundengruppen und Handlungsprogramme
Quelle: BA

ge Kundengruppe setzen die Arbeitsvermittler unterschiedliche Handlungsprogramme ein, mit dem Ziel, Arbeitslosigkeit zu beenden und eine Integration in den Arbeitsmarkt zu erreichen. Damit ist gewährleistet, dass der arbeitsmarktpolitische Ansatz des »Förderns und Forderns« konsequent angewandt und die arbeitsmarktpolitischen Instrumente effektiv und effizient eingesetzt werden können. Eine Kundendifferenzierung erfolgt auch auf der Seite der Arbeitskräftenachfrage. Unternehmen und Betriebe werden in Ziel- und Standardkunden unterteilt. Zielkunden sind potenzialreiche Arbeitgeber im Sinne eines hohen Personalbedarfs und/oder Arbeitgeber mit Multiplikatoreneffekt.

Leitbild, strategische Geschäftsfelder und geschäftspolitische Ziele der BA

Leitidee der Bundesagentur für Arbeit und ihrer Reform ist es, »Bester öffentlicher Dienstleister am Arbeitsmarkt in Europa« zu werden.

Mit einem Leitbild wurde dieser Anspruch vor dem Hintergrund des gesetzlichen Auftrags der BA näher beschrieben. Acht programmatische Kernaussagen verdeutlichen den gesetzlichen Auftrag und leiten das Handeln der Führungskräfte und Mitarbeiter: Wir bringen Menschen und Arbeit zusammen, Beschäftigung hat Vorrang, wir orientieren uns an den Besten, so viel dezentrale Verantwortung wie möglich, so viel zentrale Vorgaben wie nötig, Ziele bestimmen unser Handeln, wir sind zu Wirksamkeit und Wirtschaftlichkeit verpflichtet, Kunden- und Mitarbeiterzufriedenheit gehen Hand in Hand, mit exzellenter Führung erreichen wir unsere Ziele.

Auf dieser Basis definierten Vorstand und Verwaltungsrat der BA für den Bereich der Arbeitslosenversicherung (Sozialgesetzbuch III – SGB III) vier übergeordnete geschäftspolitische Ziele, die mittelfristigen Charakter haben: Beratung und Integration nachhaltig verbessern, wirkungsorientiert und wirtschaftlich arbeiten, hohe Kundenzufriedenheit erzielen, Mitarbeiter motivieren sowie Potenziale erkennen und ausschöpfen. Diese übergeordneten geschäftspolitischen Ziele werden in drei strategischen Geschäftsfeldern umgesetzt, mit konkreten geschäftspolitischen Zielen präzisiert und mit Zielindikatoren operationalisiert (vergleiche Abbildung 11).

Die Operationalisierung des geschäftspolitischen Ziels »Vermeidung von Arbeitslosigkeit und nachhaltige Verkürzung der Dauer der faktischen Arbeitslosigkeit« verdeutlicht, dass sich die »Sozialversicherung BA« infolge der Reform stärker als »Versicherung« begreift und ihre Geschäftsprozesse entsprechend gestaltet.

Primäres Ziel ist es, Arbeitslosigkeit erst gar nicht entstehen, den »Versicherungsfall« also möglichst nicht eintreten zu lassen. Gekündigte Arbeitnehmer sollen deshalb möglichst schon in der Kündigungsphase in eine neue sozialversicherungspflichtige Beschäftigung (»Job-to-Job«) vermittelt werden. Operationalisiert wird dieses Ziel mit dem Indikator »Integrationsgrad Job-to-Job«. Ist Arbeitslosigkeit eingetreten, soll sie so kurz wie möglich andauern. Für die Steuerung dieses Ziels dient der Indikator »Dauer der faktischen Arbeitslosig-

Vier übergeordnete geschäftspolitische Ziele

Das Leitbild generiert Programme

Arbeitslosigkeit soll überhaupt nicht erst entstehen

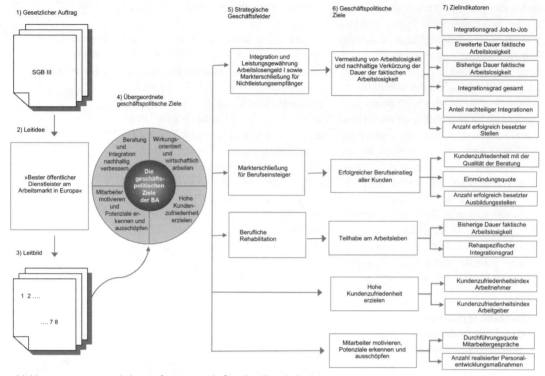

Abbildung 11: Vom gesetzlichen Auftrag zu geschäftspolitischen Zielen
Quelle: BA

keit«. Ein hoher Integrationsgrad Job-to-Job und eine geringe Dauer der faktischen Arbeitslosigkeit begrenzen die finanziellen Aufwände für Arbeitslosengeld I, entlasten den Beitragszahler und erhöhen die Beitragseinnahmen. Darüber hinaus soll insgesamt ein hoher Integrationsgrad erreicht werden. Die erzielten Integrationen sollen möglichst nachhaltig sein, das heißt, die sozialversicherungspflichtigen Beschäftigungsverhältnisse sollen längerfristig Bestand haben. Deshalb wird sechs Monate nach erfolgter Integration gemessen, ob die Beschäftigung noch besteht. Da der Arbeitsmarktausgleich Kernauftrag der BA ist, also Arbeitskräfteangebot und Arbeitskräftenachfrage verknüpft werden müssen, ist die Anzahl erfolgreich besetzter Stellen ein weiterer wesentlicher Zielindikator.

Für junge Berufsanfänger gilt das Ziel: »Erfolgreicher Berufseinstieg aller Kunden«. Es wird mit den Indikatoren Kundenzufriedenheit mit der Qualität der Beratung, Einmündungsquote in den Ausbildungsmarkt und Anzahl erfolgreich besetzter Ausbildungsstellen gesteuert.

Behinderten Menschen soll die Teilhabe am Arbeitsleben eröffnet werden. Diese Kundengruppe durchläuft in der

Regel eine Erstausbildung oder eine Umschulung, da sie zum Beispiel aus medizinischen Gründen ihre bisherige Berufstätigkeit nicht mehr ausüben kann. Hier gibt der Indikator bisherige Dauer der faktischen Arbeitslosigkeit an, wie schnell es gelingt, einen Rehabilitanden (wieder) im Arbeitsleben zu integrieren. Der rehaspezifische Integrationsgrad ermöglicht eine Bewertung der Integrationsleistung.

Zur Bewertung der Kundenzufriedenheit werden in allen Agenturen quartalsweise repräsentative standardisierte Kundeninterviews mit Arbeitgebern und Arbeitnehmern durchgeführt und in Kundenzufriedenheitsindizes zusammengefasst. Das Ziel, Mitarbeiter zu motivieren und ihre Potenziale zu erkennen und auszuschöpfen, wird anhand der Kennzahlen durchgeführter Mitarbeitergespräche beziehungsweise Anzahl realisierter Personalentwicklungsmaßnahmen gemessen. Seit 2001 gibt es darüber hinaus in zweijährigem Rhythmus interne Mitarbeiterbefragungen in elektronischer Form. 2008 wurde erstmals ein Führungskräfte-Feedback durchgeführt. Die wirtschaftliche Zielerreichung wird von einer Kosten- und Leistungsrechnung unterstützt. Sie leistet einen wichtigen Beitrag, um den Einsatz der Personalressourcen innerhalb der Organisation transparent zu machen. Wirtschaftlichkeitskennzahlen verbinden den Personaleinsatz mit dem operativen Ergebnis und zeigen an, welche Wirkung mit wie viel Personalaufwand erreicht wurde.

Die Erreichung der geschäftspolitischen Ziele einer Agentur für Arbeit und die Bewertung durch ihre Kunden fließen in einen Gesamtindex ein. Er ermöglicht die Bewertung und den Vergleich der Zielerreichung in Form einer gewichteten aggregierten Kennzahl.

Unterhalb der Ebene geschäftspolitischer Ziele gibt es mehrere Prozesskennzahlen und Qualitätsstandards zur Steuerung der Dienstleistungsprozesse innerhalb der Agentur für Arbeit: Beispielsweise der Anteil der Anträge auf Arbeitslosengeld I, welche spätestens bis zum nächsten Arbeitstag nach Antragseingang abschließend bewilligt wurden, die telefonische Erreichbarkeit der Service-Center oder die Terminvorlaufzeit bis zum Erstgespräch.

Bewertung der Kundenzufriedenheit

Ganzheitliche Steuerung erfolgt über Ziele

Eine Steuerung über Ziele erfolgt nicht nur, wie beschrieben, im Bereich der Arbeitslosenversicherung, sondern auch im Bereich der Grundsicherung für Arbeitsuchende (Sozialgesetzbuch II – SGB II). Im Zuge des »Vierten Gesetzes für moderne Dienstleistungen am Arbeitsmarkt« (Hartz IV) wurde mit Wirkung vom 1. Januar 2005 die vorherige von den Kommunen gezahlte Sozialhilfe und die von den Arbeitsämtern gewährte Arbeitslosenhilfe zu einer einheitlichen Grundsicherung für Arbeitsuchende, dem Arbeitslosengeld II, zusammengefasst. Da sich der Gesetzgeber zunächst nicht einigen konnte, wer die Leistungen der Grundsicherung gewähren sollte – die damalige rot-grüne Regierungsmehrheit sah die ausschließliche Zuständigkeit der Bundesagentur für Arbeit, die Opposition und der unionsdominierte Bundesrat die der Kommunen –, einigte man sich im Vermittlungsausschuss von Bundestag und Bundesrat auf einen Kompromiss. Demzufolge wird das steuerfinanzierte Arbeitslosengeld II einschließlich aller im Rahmen der Grundsicherung eingesetz-

Gesamtindex zur Bewertung der Zielerreichung

ten Integrationsinstrumente nicht von den Agenturen für Arbeit, sondern von Arbeitsgemeinschaften (ARGEN, »Jobcentern«) gewährt. Die insgesamt 350 Arbeitsgemeinschaften werden von Mitarbeitern der Bundesagentur für Arbeit und der Kommunen gebildet und von einem Geschäftsführer im Auftrag der BA und der Kommune geführt. 69 so genannte Optionskommunen führen die Aufgaben allein durch, in 21 Städten beziehungsweise Kreisen werden sie ausschließlich von der Agentur für Arbeit wahrgenommen.

Der Bundesminister für Arbeit und Soziales schließt im Bereich der Grundsicherung eine jährliche Zielvereinbarung mit dem Vorstand der BA, dieser mit den Geschäftsführern der Arbeitsgemeinschaften. Das Zielsystem besteht aus den Zielen »Verringerung der Hilfebedürftigkeit«, »Verbesserung der Integration in Erwerbstätigkeit«, »Vermeidung von Langzeitbezug« sowie »Kundenzufriedenheit« und wird durch Qualitätsstandards ergänzt (vergleiche Abbildung 12).

176 Agenturen stehen bundesweit miteinander im Wettbewerb

Das Bundesverfassungsgericht hat das Organisationsmodell der Arbeitsgemeinschaften im November 2007 für verfassungswidrig erklärt, da es eine Mischverwaltung aus kommunaler und Bundesebene darstellt. Die eindeutige Verwaltungskompetenzregelung des Grundgesetzes schließt diese aus. Die Organisationsform der Arbeitsgemeinschaften erwies sich auch führungstechnisch als nicht optimal, da das Prinzip eindeutiger Entscheidungskompetenz und ungeteilter Ergebnisverantwortung nicht gewährleistet ist. Der Gesetzgeber wurde vom Bundesverfassungsgericht aufgefordert, das bestehende Organisationsmodell der ARGEN bis zum Jahr 2010 entsprechend zu reformieren.

Die Organisationsform der Arbeitsgemeinschaften war führungstechnisch nicht optimal

Vergleichstypen als Grundlage für Benchmarking und Leistungssteigerung innerhalb der BA

In den einzelnen Agenturbezirken gibt es sehr unterschiedliche Arbeitsmarktbedingungen. Diese setzen der Leistungsfähigkeit der jeweiligen Agenturen bestimmte Grenzen. Ist die regionale Arbeitslosigkeit sehr hoch und der Arbeitsmarkt relativ statisch, fällt es schwerer, Arbeitslose in Erwerbstätigkeit zu integrieren. Bei einem prosperierenden, dynamischen Arbeitsmarkt ist dies leichter zu erreichen. Insofern ist für eine anspruchsvolle und gleichzeitig realistische Zielsetzung und für einen angemessenen Vergleich der Agenturen im Rahmen des Controllings immer die Arbeitsmarktsituation zu berücksichtigen.

Die bundesweit 176 Agenturen für Arbeit wurden deshalb mithilfe einer Regressions- und Clusteranalyse 12 Vergleichstypen zugeordnet. Als maßgebliche Typisierungsvariablen wurden die Arbeitslosenquote, die Saisonspanne, die Bevölkerungsdichte, der Tertiärisierungsgrad (Anteil des Dienstleistungssektors bezogen auf die Zahl der Erwerbstätigen), der Arbeitsplatzbesatz und eine Umgebungsvariable (Ein- und Auspendlerbewegungen) identifiziert. Die arbeitsmarktlichen Rahmenbedingungen der Agenturen, die sich in einem Vergleichstyp befinden, sind weitgehend gleich. Leistungsunterschiede dieser Agenturen sind demzufolge nicht auf externe Ursachen zurückzuführen,

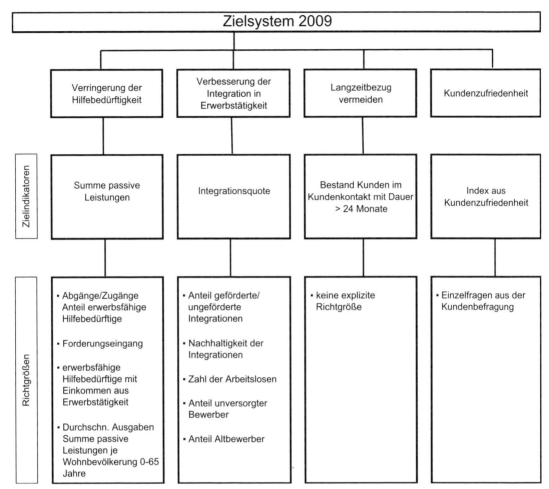

Abbildung 12: Zielsystem im Rahmen der Grundsicherung für Arbeitssuchende
Quelle: BA

sondern auf solche, die innerhalb der Agenturen liegen, zum Beispiel auf ihre Geschäftsprozesse, die Leistung der Mitarbeiter oder die Qualität der Führung. Die Vergleichstypen bilden die Grundlage für ein gezieltes Benchmarking zwischen den Agenturen, erzeugen Wettbewerb und befördern Leistungssteigerungen innerhalb der Vergleichsgruppe.

Wird bei einer Kennzahl eine große Leistungsdifferenz innerhalb des Clusters festgestellt, gilt es, mögliche Erfolgsfaktoren zur Leistungsverbesserung zu identifizieren und im Sinne von Good Practice gezielt einzusetzen. Benchmarking hat für einen beitragsfinanzierten öffentlichen Dienstleister besondere Bedeutung. Denn seine unmittelbaren

Dienstleistungen werden unentgeltlich, aber keineswegs kostenlos angeboten. Der Preis als Ausschlusskriterium scheidet aus. Unmittelbarer Wettbewerb mit privaten Anbietern findet praktisch nicht statt. Umso wichtiger ist die Erzeugung eines internen Wettbewerbs mithilfe von Benchmarking.

Aufbau, Auftrag und Rolle der Controllerorganisation der BA

Eine konsequente ergebnisorientierte Steuerung über Ziele bedarf einer leistungsfähigen Controllerorganisation auf allen Ebenen. Diese wurde in der BA seit 2004 aufgebaut, geschult und zur Wirkung gebracht. In den 176 Arbeitsagenturen sind Regionalcontroller tätig. Sie steuern gemeinsam mit den Führungskräften des operativen Bereichs vor Ort die dezentrale Zielerreichung. Den zehn Regionaldirektionen obliegt die Steuerung der Arbeitsagenturen. Sie erfolgt auf der Basis einer Matrixorganisation durch Agenturberater und Controller. Die Regionaldirektionen wiederum werden vom Zentralen Controlling und dem operativen Bereich der Bundesagentur für Arbeit in Nürnberg gesteuert.

Der Controller trägt die Informations-, Prozess- und Methodenverantwortung. Seine Aufgabe ist das zeitgerechte Aufbereiten von Informationen und Daten sowie die professionelle Unterstützung beim Planen und Nachhalten von Zielen. Hinzu kommt der wesentliche Aspekt der fachlichen Beratung, indem der Controller dem operativen Bereich denkbare Empfehlungen zur Verbesserung der Zielerreichung aufzeigt. Controller sind hierbei nicht die »besseren« operativen Führungskräfte, sondern überzeugen durch ihre Methodenkompetenz, ihre spezielle Fachlichkeit bei der Interpretation komplexer Sachverhalte, ihren »Drittblick« und ihre überregionale Sichtweise. Dabei hat der Controller stets die Wirtschaftlichkeit des Handelns kritisch zu hinterfragen. Der Controller unterstützt insoweit den Manager bei der Zielerreichung. Der operative Manager trägt die ungeteilte Entscheidungs- und Ergebnisverantwortung. Er führt die Geschäfte, steuert, koordiniert und legt Maßnahmen zur Verbesserung der Leistungsfähigkeit fest. Dies schließt die erforderliche Fachaufsicht mit ein.

Erst aus dem gemeinsamen Verständnis und Handeln heraus entsteht, entsprechend der Philosophie von Albrecht Deyhle, aus der Schnittmenge der Aktivitäten zwischen operativer Führungskraft und Controller letztlich Controlling (vergleiche Abbildung 13).

In Abhängigkeit von der regionalen Ebene und der jeweiligen Situation müssen die Controller der BA verschiedenen Rollen gerecht werden. Zunächst sind sie als Experten in sämtlichen Handlungsfeldern des Controllings zu sehen, das heißt, sie sind inhaltlicher Ausgestalter der Steuerungsinstrumente und Weiterentwickler des Steuerungssystems. Als Prozesstreiber verantworten sie den reibungslosen Ablauf der Controllingprozesse und sind Motor der Leistungssteigerung. Als kritisches ökonomisches Gewissen ist der Controller insbesondere »Counterpart« des Managers im Umgang mit Ressourcen. Darüber hinaus muss der Controller stets akzeptierter Berater aller Führungsebenen sein.

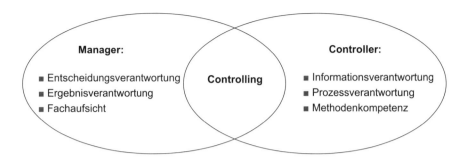

Aufgaben:	■ Ziele setzen	■ Informationen und Daten bereitstellen
	■ führen	■ planen und Ziele nachhalten
	■ planen, steuern	■ fachlich beraten
	■ kontrollieren	■ Wirtschaftlichkeit kritisch hinterfragen
	■ koordinieren	

Abbildung 13: Aufgabenteilung und Verantwortung von Manager und Controller
Quelle: BA

Controllingprozess in der BA

Als Prozesseigner des aus Planung, Zielvereinbarung und Zielnachhaltung bestehenden Regelkreises leisten die Controller einen wesentlichen Beitrag für die Führung der BA über Ziele. Die jährliche quantitative Planung der geschäftspolitischen Ziele erfolgt im klassischen »Top-down-Bottom-up-Verfahren«. Sie beginnt mit einem Planungsbrief, in dem der Vorstand, ausgehend von den gesamtwirtschaftlichen Eckwerten der Bundesregierung, seine Erwartungen bezüglich der Zielindikatoren formuliert. In den gesamtwirtschaftlichen Eckwerten nennt die Bundesregierung ihre Einschätzung der Entwicklung des Bruttoinlandsprodukts, der Erwerbstätigen- und der Arbeitslosenzahl. Diese Eckdaten bilden den Rahmen der Planung. Innerhalb dessen ist es das erklärte Ziel, die Leistungsunterschiede der Agenturen des jeweiligen Vergleichstyps zu verringern und die Gesamtleistung des Clusters zu erhöhen. Methodisch wird hierbei auf die Berechnungssystematik zur Annäherung an das erste mathematische Quartil zurückgegriffen. Abbildung 14 zeigt exemplarisch die Spreizung bei der Zielgröße »Erweiterte Dauer faktische Arbeitslosigkeit« in Tagen nach Clustern.

Die Ist-Ergebnisse der Agenturen eines Vergleichstyps werden der Größe nach sortiert und es wird festgestellt, in welchem Bereich das erste Quartil liegt. Alle Agenturen, welche unterhalb des Quartilwertes liegen, müssen im nächsten Jahr eine relative Annäherung an den Quartilwert erreichen. Unabhängig davon wird von jeder Agentur, also auch von den jeweils besten Agenturen, eine Verbesserung erwartet. Zielvereinbarungen des Vorstands mit den Regionaldirektionen und der Regionaldirektionen mit den Agenturen für Arbeit schließen den Planungsprozess ab. Zum besseren

Top-down-Bottom-up-Verfahren in der jährlichen quantitativen Planung

Leistungspotenziale ergeben sich in Abhängigkeit von Vergleichswerten

Spreizung bei der Messgröße »Erweiterte Dauer faktische Arbeitslosigkeit« (in Tagen) nach Clustern
Jahresfortschrittswerte September 2008

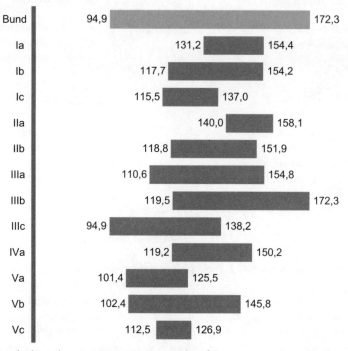

Abbildung 14: Der Vergleich im Cluster zeigt Leistungspotenziale auf
Quelle: BA

Verständnis dient an dieser Stelle ein konkretes Beispiel: Zunächst werden die Daten der Größe nach sortiert und untersucht, in welchem Bereich jeweils ein Viertel der Daten liegt. Die Grenzen dieser Bereiche werden Quartile genannt (lateinisch: Quartus, das heißt der Vierte). Am einfachsten sind das 0., 2. und 4. Quartil zu bestimmen. Das 0. Quartil ist nichts anderes als das Minimum, das 2. Quartil ist der Median und das 4. Quartil das Maximum. Erweiterte Dauer der faktischen Arbeitslosigkeit in Tagen: Arbeitsagentur 1: 100 Tage, Arbeitsagentur 2: 150 Tage, Arbeitsagentur 3: 200 Tage, Arbeitsagentur 4: 300 Tage, Arbeitsagentur 5: 400 Tage. Das 0. und 4. Quartil sind das Minimum (100) und Maximum (400). Das 2. Quartil (der Median) wird durch den Wert der AA 3 (200 Tage bestimmt). Für die Berechnung des ersten Quartils werden prinzipiell zwei Werte herangezogen – der letzte Wert im ersten Viertel und der erste Wert im zweiten Viertel. Hieraus wird aber nicht einfach das arithmetische Mittel berechnet, sondern der Wert links vom 1. Quartil wird mit ¼ gewichtet und der Wert rechts vom 1. Quartil mit ¾ gewichtet. In unserem vereinfachten Beispiel entspricht das erste Quartil genau dem der Arbeitsagentur 2 (150 Tage). Diese bildet für die Arbeitsagenturen 3, 4 und 5 die Referenz-Agentur, das heißt, diese müssen im nächsten Jahr eine bestimmte relative Annäherung (gegebenenfalls 100 %) an den Wert der Arbeitsagentur 2 erreichen.

Ihnen schließt sich die unterjährige Zielnachhaltung an, die in Form von Zielnachhaltedialogen (ZND) zwischen den drei Ebenen der BA grundsätzlich im monatlichen Rhythmus auf Basis standardisierter Berichtsformate erfolgt (vergleiche Abbildung 15). Im Rahmen der Zielnachhalteprozesse liefern die Abweichungs- und Ursachenanalysen der Controller wertvolle Erkenntnisse und ihre Empfehlungen einen wichtigen Beitrag zur Zielerreichung. Die Datenbereitstellung erfolgt zentral über das Führungs-Informations-System (FIS), sodass die Controller in den Agenturen und Regionaldirektionen von der Datenaufbereitung weitestgehend entlastet werden und ihren Analyse- und Beratungsauftrag durchführen können. Auf Agenturebene wird innerhalb von einem Tag nach Bereitstellung der Daten ein Monatsreporting erstellt. Dabei werden auf der Basis einer risiko- und schwachstellenorientierten Abweichungs- und Ursachenanalyse zu den auffälligen Sachverhalten Kernaussagen erarbeitet. Diese werden mit Empfehlungen für den operativen Bereich hinterlegt.

Der Monatsreport, inklusive der Empfehlungen des Controllings, wird der Geschäftsführung und den Führungskräften der Agentur vom Regionalcontroller vorgestellt und erläutert. Der Vorsitzende der Geschäftsführung entscheidet im Steuerungskreis auf Basis des Monatsreports über die erforder-

Regionalcontroller erläutern den Monatsbericht

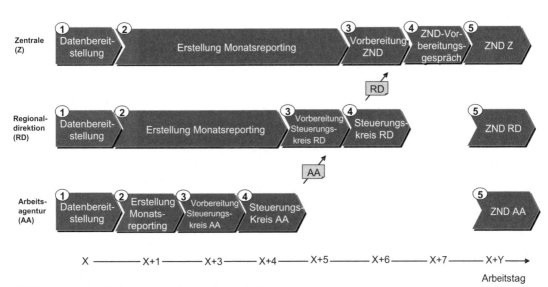

Abbildung 15: Zielnachhalteprozess – Ebenen übergreifend
Quelle: BA

lichen Steuerungsmaßnahmen. Diese werden vom Controller im Monatsreporting dokumentiert. Die Geschäftsführung der Agentur positioniert sich mit diesem Monatsreporting im Zielnachhaltedialog gegenüber der Regionaldirektion. Die Regionaldirektionen und die Zentrale erstellen ebenfalls Monatsreports. Daran anschließend finden zeitlich gestaffelt zunächst die Zielnachhaltedialoge zwischen Zentrale und Regionaldirektion, danach zwischen Regionaldirektion und Arbeitsagentur statt. In den Zielnachhaltedialogen werden die Maßnahmen der Regionaldirektionen beziehungsweise Agenturen bewertet und abschließend vereinbart.

Controllinginstrumente der BA

Im Zuge des Aufbaus der Controllerorganisation wurden auch die für die Zielsteuerung notwendigen Controllinginstrumente entwickelt. Folgende sind exemplarisch genannt:

- Excel-Planungshilfen und Thinking-Networks-Planning
Im Planungsprozess muss gewährleistet sein, dass die Regionalcontroller für alle Agenturen die Planungsangebote problemlos eingeben können und sich die Werte schnell konsolidieren und verdichten lassen. Hierzu stellt das zentrale Controlling für die lokale Eingabe zunächst einheitliche Excel-Planungshilfen zu jedem Strategischen Geschäftsfeld zur Verfügung. Diese ermöglichen prinzipiell flexible Anpassungen mit geringem Aufwand. Mittels spezieller Übergabeberichte erfolgt dann die Überführung der Datenhaltung in das Planungswerkzeug Thinking-Networks-Planning, welche über das BA-Intranet für überregionale Konsolidierung und Weiterverarbeitung zur Verfügung steht. TN-Planning beinhaltet auch eine eigene Workflow-Steuerung. Diese informiert über den aktuellen Planungsstand zwischen den verschiedenen Dienststellenebenen.

- Führungs-Informations-System (FIS)
Seit 2005 gibt es ein Führungs-Informations-System (FIS), mit dem erstmals auf einer zentralen Plattform im BA-Intranet ein einheitliches, anwenderfreundliches Berichtswesen zur Verfügung steht (vergleiche Abbildung 16). Darin sind alle steuerungsrelevanten Daten, von Zielindikatoren bis hin zu operativen Analysekennzahlen verknüpft und in einheitlichen und übersichtlichen Formaten mit Zielerreichungskarten, Zeitreihen oder Benchmark-Vergleichen dargestellt. Der Transparenzgewinn besteht auch darin, dass der aktuelle Status der steuerungsrelevanten Kennzahlen bundesweit bis auf Teamebene aller Agenturen eingesehen werden kann. Perspektivisch werden die derzeitigen Interimslösungen zur Dokumentation von Abweichungsanalysen und Steuerungsmaßnahmen auch in das FIS aufgenommen.

- Monatsbericht zur Zielerreichung (MBZ)
Grundlage für die Ebenen übergreifenden Zielnachhaltedialoge ist ein standardisierter Monatsbericht, der nach dem 4-Fenster-Prinzip aufgebaut ist (vergleiche Abbildung 17). Für jeden Zielindikator ist eine Doppelseite vorgesehen. Über das Führungs-Informations-System werden die Werte der Agenturen automatisch generiert. Der

Zugang

Zielindikatoren

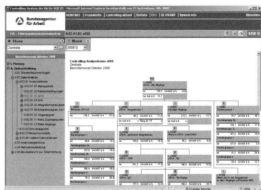

Analysekennzahlen

Maßnahmevorschläge

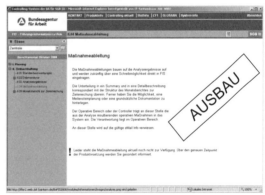

Abbildung 16: Führungs-Informations-System (FIS) – von Zielindikatoren bis zu detaillierten Analysekennzahlen
Quelle: BA

Controller kann sich auf die Erstellung der Abweichungsanalyse und die Entwicklung von Handlungsempfehlungen konzentrieren. Die im Rahmen des Steuerungskreises vom operativen Bereich beschlossenen Maßnahmen werden in den Monatsbericht eingetragen und vom Controller nachgehalten.

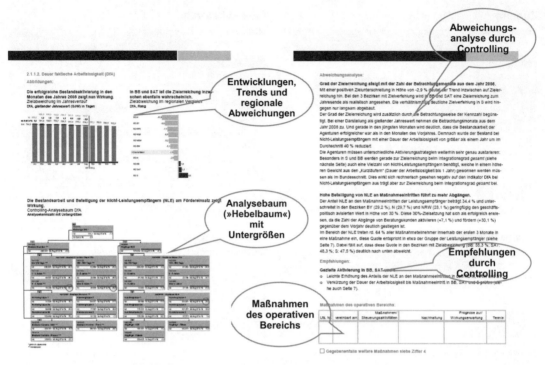

Abbildung 17: Monatsbericht zur Zielerreichung (MBZ) – von der Sachverhaltsdarstellung bis zu konkreten Maßnahmen (»4-Fenster-Prinzip«)
Quelle: BA

2006–2008 wurde ein Haushaltsüberschuss von 19,2 Milliarden Euro erzielt

Erfolg der controllingunterstützten Steuerung: Die Dauer der faktischen Arbeitslosigkeit wurde seit 2005 bundesweit um 40 % gesenkt

Wirkung der controllingunterstützten Steuerung der BA

Der Erfolg der verstärkt controllingunterstützten Steuerung der Bundesagentur für Arbeit zeigt sich in der Entwicklung der Zielindikatoren und der Finanzergebnisse der letzten Jahre.

So konnte die Dauer der faktischen Arbeitslosigkeit seit 2005 in allen Vergleichstypen spürbar gesenkt werden, bundesweit um 40 % (vergleiche Abbildung 18). Gleichzeitig gelang eine Steigerung des Integrationsgrades um rund zehn Prozentpunkte.

Zeigte das Finanzergebnis des Jahres 2003 noch ein Haushaltsdefizit von 6,2 Milliarden Euro, so konnten in den Jahren 2006 bis 2008 Haushaltsüberschüsse von insgesamt 19,2 Milliarden Euro erzielt werden. Hiervon wurden 9 Milliarden Euro in eine Liquiditätsreserve überführt, die in der Phase eines konjunkturellen Abschwungs eingesetzt werden kann. In der Rücklage befinden sich 7,7 Milliarden Euro. 2,8 Milliarden Euro wurden einem Versorgungsfonds zugeführt. Damit ist die Bundesagentur für Arbeit in der Lage, die Pensionsverpflichtungen ihrer Beamten zu finanzie-

Erweiterte Dauer der faktischen Arbeitslosigkeit in Tagen
Index I.1.1, Jahresfortschrittswert, Ladestand 12/2008

Vergleichstypen (VT)	2005	2006	2007	2008	Delta VJ in % 2006-2005	Delta VJ in % 2007-2006	Delta VJ in % 2008-2007
Bund	210,9	178,4	149,0	125,6	-15,4	-16,4	-15,7
VT Ia	237,0	192,5	160,6	136,5	-18,8	-16,6	-15,0
VT Ib	230,6	180,4	148,3	127,9	-21,8	-17,8	-13,8
VT Ic	218,8	180,1	144,1	120,0	-17,7	-20,0	-16,7
VT IIa	229,5	188,6	158,4	139,5	-17,8	-16,0	-11,9
VT IIb	202,8	173,0	147,9	127,3	-14,7	-14,5	-13,9
VT IIIa	209,4	180,0	150,0	126,8	-14,0	-16,7	-15,5
VT IIIb	216,7	192,0	160,9	132,5	-11,4	-16,2	-17,7
VT IIIc	201,9	176,9	147,0	122,8	-12,4	-16,9	-16,4
VT IVa	202,5	174,3	149,8	126,9	-13,9	-14,1	-15,3
VT Va	184,6	161,2	131,9	110,6	-12,7	-18,1	-16,2
VT Vb	197,2	171,3	144,6	119,9	-13,1	-15,6	-17,1
VT Vc	182,0	158,8	132,8	110,1	-12,7	-16,4	-17,1

Abbildung 18: Erweiterte Dauer der faktischen Arbeitslosigkeit in allen Vergleichstypen verbessert
Quelle: BA

ren, ohne zukünftig Beitragszahler belasten zu müssen (vergleiche Abbildung 19).

Maßgeblich unterstützt wurde diese Entwicklung durch strukturelle Reformen am Arbeitsmarkt im Rahmen der »Hartz-Gesetze« und die sehr gute konjunkturelle Entwicklung. Ein wesentlicher Beitrag ist aber auch im neuen Steuerungs- und Controllingsystem der Bundesagentur für Arbeit zu sehen. Aufgrund dieses erfolgreichen Zusammenwirkens konnte der Beitragssatz zur Arbeitslosenversicherung seit Beginn der Reform in zwei Schritten von ursprünglich 6,5 % auf 3,3 % gesenkt werden. Dies stellt eine merkliche Entlastung der Lohnnebenkosten dar und stärkt damit die Wettbewerbsfähigkeit des Standorts Deutschland.

Zu Jahresbeginn 2009 wurde der Beitragssatz auf 2,8 % abgesenkt. Mitte 2010 soll er wieder auf 3,0 % angehoben werden. Die verringerten Einnahmen und pessimistischere Erwartungen hinsichtlich der gesamtwirtschaftlichen Ent-

Hartz-Gesetze sowie Konjunktur unterstützten maßgeblich die Reformen am Arbeitsmarkt

Haushaltsjahre 2003 bis 2010

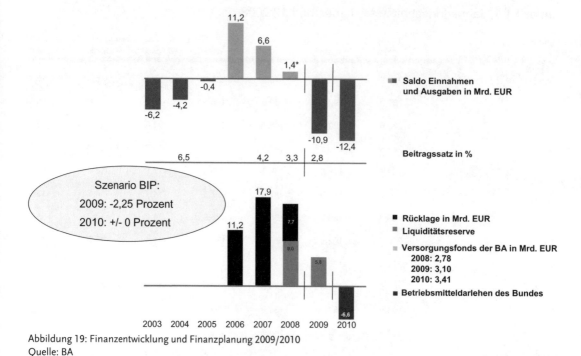

Abbildung 19: Finanzentwicklung und Finanzplanung 2009/2010
Quelle: BA

wicklung werden die Liquiditätsreserven abschmelzen lassen. Geht man davon aus, dass das Bruttoinlandsprodukt 2009 um 2,25 % schrumpfen und 2010 bei +/– 0 % verharren wird, wie dies die Bundesregierung in ihrem Jahreswirtschaftsbericht im Januar 2009 tut, würde die BA ab Mitte 2010 Betriebsmitteldarlehen des Bundes in Anspruch nehmen müssen. Insofern steht auch das Steuerungssystem der Bundesagentur für Arbeit vor einer großen Herausforderung. Es gilt sich dem Abschwung entgegen zu stemmen, um die negativen Auswirkungen auf den Arbeitsmarkt so weit wie möglich zu begrenzen.

4 Modernes Controlling auf Landesebene: Unterjährige Budgetsteuerung im Land Hessen

Von Günter Weiland, Hessische Staatskanzlei, Referatsleiter Z 5
(Rechnungswesen, Controlling, Innenrevision)

Controlling in der Hessischen Staatskanzlei

Das Land Hessen hat sein kamerales Haushalts-, Kassen- und Rechnungswesen flächendeckend auf doppelte Buchführung mit Kosten- und Leistungsrechnung, Produktsteuerung, ergebnisorientierte dezentrale Budgetierung und entsprechendes Controlling umgestellt. Die Umstellung erfolgte im Rahmen einer »Staffelplanung«, beginnend ab dem Haushaltsjahr 2003, und wurde mit dem Haushaltsjahr 2008 abgeschlossen. Damit ist mit dem Haushaltsjahr 2008 der gesamte Landeshaushalt auf einen Produkthaushalt mit ergebnisorientierter Budgetierung umgestellt. Die Aufgaben und die Organisation des Controllings wurden in einem landesweiten Konzept festgelegt. In allen Dienststellen wird dabei verbindlich SAP-Software eingesetzt.

Die Hessische Staatskanzlei hat erstmals mit dem Haushaltsjahr 2006 einen Produkthaushalt aufgestellt. In diesem Zusammenhang wurde mit Wirkung vom 1. Juni 2006 ein eigenes Controllingreferat eingerichtet, um das Konzept zum ressortinternen Controlling umzusetzen und damit den Aufgaben eine hohe Bedeutung beizumessen. Weiterhin sind das gesamte Rechnungswesen (Kreditoren- und Debitorenbuchhaltung, Jahresabschluss) und die Innenrevision im Referat angesiedelt. Nach der Erstellung von drei Produkthaushalten (Haushaltsjahre 2006, 2007, 2008) liegen umfangreiche Erfahrungen vor und die neuen Prozesse sind in den Kostenstellen inzwischen etabliert.

Umstellung des kameralen Systems im Land Hessen

Controllingorganisation

Im Rahmen des ersten Produkthaushalts 2006 wurde in der Hessischen Staatskanzlei eine neue Controllingorganisation aufgebaut, die bisher in dieser Form nicht existiert hat. Von der zentralen Mittelbewirtschaftung wurde auf eine dezentrale Budgetverantwortung umgestellt. Grundsätzlich ist für jede Abteilung eine operative Kostenstelle und sind für das ganze Haus Verrechnungskostenstellen (zum Beispiel Gebäudekostenstellen) eingerichtet worden. Die Abteilungsleiter sind als Kostenstellenverantwortliche für das Budget eigenverantwortlich zuständig.

Von der zentralen Mittelverwaltung zur dezentralen Budgetverantwortung

Weiterhin wurden so genannte Controlling-Ansprechpartner benannt, die diese Aufgabe neben ihren eigentlichen fachlichen Tätigkeiten wahrnehmen. Die Controlling-Ansprechpartner in den Kostenstellen (dezentrales Controlling)

Benennung von Controlling-Ansprechpartnern für die Kostenstellenverantwortlichen

Entwicklung einheitlicher Berichte

Vereinbarung der Mengen, Kosten und Kennzahlen in formellen Kontrakten

sollen den Kostenstellenverantwortlichen bei seinen Aufgaben unterstützen. Dabei stehen sie – neben den Abteilungsleitungen – dem zentralen Controlling unmittelbar als Ansprechpartner für detaillierte Fragen der Budgetplanung und des Budgetvollzuges zur Verfügung. Für den Kostenstellenverantwortlichen klären die Controlling-Ansprechpartner beim zentralen Controlling weitere Fragen, wie zum Beispiel einzelne Posten bei einer Kostenart oder die Ursachen für Mengenunterschreitungen beziehungsweise Mengenüberschreitungen et cetera.

Damit die Kostenstellenverantwortlichen ihre Aufgabe wahrnehmen können, wurden vom Controllingreferat einheitliche Berichte entwickelt, die monatlich zur Verfügung gestellt werden. Darüber hinaus können die Kostenstellenverantwortlichen jederzeit Ad-hoc-Informationen anfordern. Neben dem eigentlichen Zahlenmaterial wurde auf Grafiken mit Ampelfunktionen hoher Wert gelegt, damit der Kostenstellenverantwortliche auf einen Blick Budgetprobleme erkennen kann. Die Daten werden hierzu aus dem SAP-System entsprechend grafisch in MS-Excel aufbereitet.

Alle nachfolgend genannten Berichtstypen werden monatlich erstellt und den Kostenstellen zur Verfügung gestellt. Die Berichte enthalten Hinweise zu kritischen Bereichen und Entwicklungen (Ampelfunktion) sowie Empfehlungen zu notwendigen Gegensteuerungsmaßnahmen. Im Rahmen regelmäßiger Abteilungsleiterkonferenzen mit dem Chef der Staatskanzlei – nach Vortrag und unter Beteiligung des Referatsleiters Controlling – werden die Berichte zur Steuerung der Kostenstellen besprochen und Konsequenzen erörtert. Darüber hinaus finden mit allen Abteilungsleitern der Staatskanzlei regelmäßige Informationsveranstaltungen statt, die Themen von grundsätzlicher Bedeutung behandeln (Änderungen im Berichtswesen, Einführung der Ressortberichte, Entwicklung der Balanced Scorecard et cetera).

Der Referatsleiter Controlling hat darüber hinaus und unabhängig vom Berichtswesen jederzeit die Möglichkeit, notwendige Informationen von den Kostenstellen anzufordern und aus seiner Sicht wichtige Steuerungsinformationen dem Chef der Staatskanzlei vorzutragen.

Der nachgeordnete Bereich (Hessisches Statistisches Landesamt und Hessische Landeszentrale für politische Bildung) leitet monatlich die von ihrer Hausleitung freigegebenen Budgetberichte zur Steuerung und Qualitätssicherung über das Controllingreferat an den Chef der Staatskanzlei.

Zusammenfassend visualisiert die nachfolgende Abbildung 20 den Controllingkreislauf in der Hessischen Staatskanzlei.

Darüber hinaus werden zwischen dem Chef der Staatskanzlei und den Kostenstellenverantwortlichen beziehungsweise den Hausleitungen des nachgeordneten Bereichs die Mengen, Kosten und Kennzahlen in einem formellen Kontrakt vereinbart, um der dezentralen Ressourcenverantwortung mehr Gewicht zu verleihen. Die Verantwortlichen der Buchungskreise müssen einmal im Quartal über die Umsetzung des Kontraktes berichten und absehbare Risiken und Kontraktabweichungen erläutern.

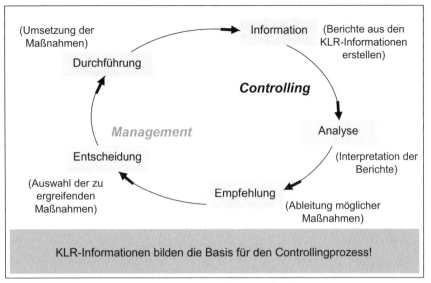

Abbildung 20: Der Controllingkreislauf in der hessischen Staatskanzlei
Quelle: Staatskanzlei Hessen

Berichtswesen

Das Berichtswesen und damit der notwendige Informationsbedarf im Geschäftsbereich des Hessischen Ministerpräsidenten ist auf vier Säulen aufgebaut und bildet den Kern des Controllings. Aufgrund der Erfahrungen von drei Produkthaushalten wurden die Berichte im Rahmen eines mehrjährigen Prozesses sukzessive verbessert und auf die Bedürfnisse der Informationsempfänger angepasst. Dieser Prozess konnte nur gemeinsam in vielen Gesprächen mit dem Chef der Staatskanzlei, den Kostenstellenverantwortlichen beziehungsweise den Controlling-Ansprechpartnern gestaltet werden.

Die **erste Säule** basiert auf den monatlichen Controllingberichten für den Mandantenleiter (Staatsminister und Chef der Staatskanzlei). Diese dienen der Gesamtsteuerung der Mengen (Beratungseinheiten in Tagen für bestimmte Leistungen) und Kosten auf der Ebene des Buchungskreises. Der Informationsbedarf des Mandantenleiters ist demnach von übergeordneter Bedeutung: Werden die vereinbarten Mengen und Kosten für den Buchungskreis auf Produktebene eingehalten? Was sind die Ursachen für eine Mengenunter-/überschreitung beziehungsweise Kostenunter-/-überschreitung? Gegenüber dem Mandantenleiter müssen sich die Kostenstellenverantwortlichen verantworten und eventuelle Überschreitungen bei Mengen und Kosten begründen beziehungsweise Vorschläge für Gegenmaßnahmen unterbreiten (vergleiche Abbildung 21).

Die **zweite Säule** basiert auf den monatlichen Controllingberichten für die jeweiligen Kostenstellenverantwortli-

Monatliche Controllingberichte für Mandantenleiter

Monatliche Controllingberichte für Kostenstellenverantwortliche

chen. Für den Kostenstellenverantwortlichen ist die Leistungsebene entscheidend. Zentrale Fragen sind etwa hierbei: Sind die mit seinen Mitarbeitern geplanten Mengen (Beratungseinheiten) eingehalten worden? Wird das geplante Budget (insbesondere die direkt geplanten Sachkosten) im Rahmen einer Prognose-Betrachtung (Forecast) eingehalten? Einen Schwerpunkt dieser Berichte bildet die Prognosebetrachtung der Kostenstellen bis zum Ende des Jahres. Allein der Ist-Stand beispielsweise für den Monat September ist aus Sicht des Controllingreferats nicht ausreichend, da eine Gegensteuerung zu diesem Zeitpunkt eventuell nicht mehr möglich ist. Deshalb liefern die Kostenstellen im Rahmen der Kontraktrückmeldung vierteljährlich eine Prognose ab, wie sich das Budget bis zum Jahresende entwickeln wird. Dabei werden zwei Parameter abgefragt: Welches Budget ist bis zum Jahresende fest verplant und welcher Anteil ist hiervon vertraglich gebunden.

Mit diesen beiden Informationen kann der Chef der Staatskanzlei gegebenenfalls steuernd eingreifen und bei-

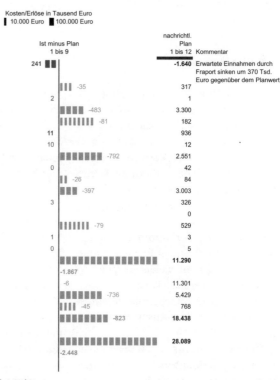

Abbildung 21: Berichtsbeispiel: Bericht Chef der Staatskanzlei (CdS)
Quelle: Staatskanzlei Hessen

Modernes Controlling auf Landesebene:
Unterjährige Budgetsteuerung im Land Hessen

spielsweise Budget von der einen zur anderen Kostenstelle umschichten, wenn dies notwendig wäre. Die Abbildung zeigt exemplarisch den Bericht für den jeweiligen Kostenstellenverantwortlichen in der Dimension Sachkosten (vergleiche Abbildung 22).

Die **dritte Säule** bilden die Ressortberichte für den Landtag, die auf Produktebene Mengen und Kosten (Produktabgeltung) ausweisen. Gegenüber dem Landtag obliegt dem Buchungskreis aufgrund der bestehenden Vereinbarung (einschließlich der Geschäftsordnung) zwischen Landesregierung und dem Landtag eine Berichtspflicht. Die steuerungsrelevanten Informationen sind deshalb die im Haushaltsplan festgelegte Menge und Produktabgeltung pro Produkt. Die Berichte werden nach Freigabe durch den Chef der Staatskanzlei vierteljährlich an eine Koordinierungsstelle (die so genannte Kopfstelle) des Hessischen Finanzministeriums weitergeleitet. Von dort werden die Ressortberichte an das eigens dafür geschaffene Budgetbüro weitergeleitet, das die Berichte entsprechend kommentiert an die Fraktionen im Landtag weiterreicht (vergleiche Abbildung 23).

Die **vierte Säule** bilden die Ressortberichte und steuerungsrelevanten Daten (Menge und Kosten) des nachgeordneten Bereichs. Eine auf Kostenstellen bezogene Steuerung des nachgeordneten Bereichs ist aus Sicht der Staatskanz-

Ressortberichte für den Landtag

Ressortberichte für den nachgeordneten Bereich

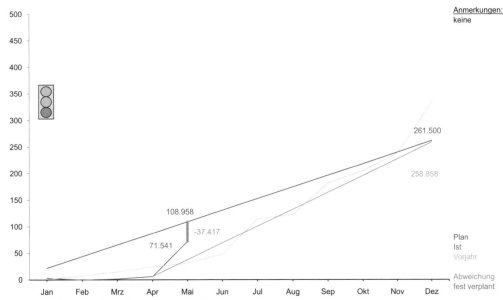

Abbildung 22: Berichtsbeispiel: Sachkosten Kostenstellen
Quelle: Staatskanzlei Hessen

Ergebniskommentierung

Buchungskreis	Hessische Staatskanzlei
Berichtszeitraum	Januar bis Oktober 2008

I. Leistungsplan

	Menge		
Anfragen aus dem Parlament	-218 TAGE	(-25,5 %)	Anzahl und Umfang der Anfragen und Initativen sind durch die Verwaltung nicht steuerbar
Normsetzung	-181 TAGE	(-12,2 %)	Die Abweichung ist durch personelle Vakanzen bedingt
Hessentag	40 TAGE	(13,1 %)	Abweichung zwischen linearer Planung und aperiodischer Mengenerbringung

II. Erfolgsplan

a) Jahresergebnis 2.562.469 €

b) Erläuterungen zu einzelnen Kontengruppen

Pos.	VKR		Abweichung	
1	50/51	Umsatzerlöse und Erträge aus Verwaltungstätigkeit	-89.833 €	(-100,0 %)
1a	544	Erträge aus Produktabgeltungen	-146.211 €	(-0,6 %)
4	530-539	Sonstige betriebliche Erträge	40.687 €	(9,0 %)
5	60/61	Bezogene Waren und Leistungen	-617.029 €	(-19,3 %)
6	620-649, 652, 655, 659	Personalaufwand	-921.198 €	(-6,0 %)
7	660-664, 666-667	Abschreibungen	58.991 €	(17,1 %)
8	650-651, 653-654, 656-658, 670-696, 699-709	Sonstige betriebliche Aufwendungen	-1.331.416 €	(-22,5 %)
9	540-543, 545-549	Betriebliche Erträge aus Transferleistungen	-255.878 €	(-31,1 %)
11	710-717, 719	Betrieblicher Aufwand aus Transferleistungen	-21.463 €	(-4,0 %)

III. Ergebnisabgleich

Gesamtergebnis Leistungsplan	2.554.383 €
+/- Verrechnungsdelta	0 €
+/- Ergebnis Neutraler Innenauftrag	-8.086 €
= Jahresergebnis Erfolgsplan	2.562.469 €

Abbildung 23: Berichtsbeispiel: Kommentar
Quelle: Staatskanzlei Hessen

lei in der Regel nicht notwendig und im Sinne der dezentralen Ressourcenverantwortung auch nicht zielführend. Die Berichte basieren auf den Informationen der dritten Säule.

Erfahrungen und Ausblick

Die vier Säulen der Berichterstattung haben sich bewährt. Ein Berichtstyp, der alle notwendigen Informationen des Geschäftsbereichs zusammenfasst, existiert nicht. Dies ist auch nicht notwendig und würde eher zu einer unübersichtlichen Zusammenstellung einer Vielzahl von unterschiedlichen Produkten führen. Die notwendigen Informationen werden zweckmäßigerweise durch die vorher genannten Berichtstypen bereitgestellt.

Bereits für den Haushalt 2007 hat die Hessische Staatskanzlei eine Balanced Scorecard (BSC) für das Produkt »Kampagne der Landesregierung zur Stärkung des ehrenamtlichen Engagements« und für das Produkt »Durchführung des Hessentags« entwickelt, in der konkrete Fachziele festgelegt wurden. Nach der Definition von Fachzielen sind entsprechende Kennzahlen zur Operationalisierung dieser Fachziele im Haushalt ausgebracht worden. Für die Zukunft ist noch zu klären, welche Konsequenzen greifen, wenn bestimmte Sollvorgaben bei einer bestimmten Kennzahl nicht erreicht werden.

Neben der organisatorischen Abbildung des Controllingreferates ist weiter beabsichtigt, künftig eine personenbezogene Zuordnung der Aufgaben des dezentralen Controllings im Geschäftsverteilungsplan bei der jeweilgen Organisationseinheit (Kostenstelle) vorzunehmen, um eine weitere organisatorische Verankerung des Controllings zu erreichen.

Derzeit existieren keine formellen Regelungen zur dezentralen Steuerung der Kostenstellen. Jedoch wurden bereits im Haushalt 2007 eingesparte Personalkosten (zum Beispiel aufgrund verzögerter Wiederbesetzungen) für Sachkosten eingesetzt, indem für zeitlich befristete Projekte Praktikanten oder Honorarkräfte beschäftigt wurden. Damit soll die dezentrale Ressourcenverantwortung der Kostenstellen gestärkt werden, indem eingesparte Personalkosten für Sachkosten und umgekehrt eingesetzt werden können. Eine enge Abstimmung mit der Mandantenleitung und dem Haushalts-/Controllingbereich ist jedoch zwingend notwendig, da das Ergebnis des Haushaltsvollzuges auf die gesamte Staatskanzlei bezogen ist.

Für das Haushaltsjahr 2007 beziehungsweise 2008 können projektbezogene Rücklagen in der Kostenstelle gebildet werden, wenn Projektaufgaben im Jahr 2007 auf das Jahr 2008 ff. verschoben werden. Konkrete Regelungen zur Bildung von kostenstellenspezifischen Gewinnrücklagen existieren derzeit allerdings noch nicht in der Staatskanzlei.

Grundsätzlich wird die Bildung beziehungsweise Auflösung einer kostenstellenspezifischen Gewinnrücklage als ein wirkungsvolles Instrument in einem Anreizsystem für wirtschaftliches und sparsames Verhalten gesehen. Jedoch sind noch die Erfahrungen aus weiteren Produkthaushalten notwendig, da Gewinnrücklagen nur dann in der Kostenstelle gebildet werden können, wenn diese managementbedingt (Kostenstellenleitung) erwirtschaftet worden sind.

Die kostenstellenspezifische Gewinnrücklage ist ein wirkungsvolles Instrument

5 Modernes Controlling auf kommunaler Ebene: die Einführung der Doppik für Gemeinden

Warum ist die Einführung der Doppik sinnvoll?

Die Ständige Konferenz der Innenminister und -senatoren der Länder (IMK) hat im Jahr 2003 den Weg frei gemacht, die doppelte Buchführung, die in privatwirtschaftlichen Unternehmen längst Standard ist, auch in Gemeinden einzuführen. Durch die damit verbundene Reform des Gemeindehaushaltsrechts soll

- das kommunale Haushalts- und Rechnungswesen von der bislang zahlungsorientierten Darstellungsform auf eine ressourcenorientierte Darstellung umgestellt und
- die Steuerung der Kommunalverwaltungen statt durch die herkömmliche Bereitstellung von Ausgabeermächtigungen (Inputsteuerung) durch die Vorgabe von Zielen für die kommunalen Dienstleistungen (Outputsteuerung) ermöglicht werden.

»Die IMK geht davon aus, dass die Reform des kommunalen Haushaltsrechts einen grundlegenden Wandel der kommunalen Haushaltswirtschaft und der Kommunalverwaltungen bewirken wird.« (Auszug aus der Sammlung der zur Veröffentlichung freigegebenen Beschlüsse der 173. Sitzung der Ständigen Konferenz der Innenminister und -senatoren der Länder am 21. November 2003 in Jena.)

Auf Basis der oben im Auszug zitierten Beschlüsse wird wie zuvor bereits auf Bundes- und Länderebene die grundlegende Neugestaltung der kommunalen Steuerung prognostiziert. Im Jahre 2005 war es dann die Stadt Salzgitter, die als erste Großstadt Deutschlands eine nach kaufmännischen Regeln erstellte Bilanz vorgelegt hat (KGSt INFO Sonderdruck, Mai 2005, S. 1).

Die KGSt hat im Jahre 2007 eine groß angelegte Erhebung zum Stand der Einführung der Doppik in deutschen Kommunen durchgeführt, an der sich 971 Kommunen beteiligt haben. Ausgehend davon, dass die Masse der Kommunen gemäß ihrem Gemeindehaushaltsrecht des jeweiligen Landes zur doppischen Rechnungslegung verpflichtet ist, existieren in sieben der sechzehn Länder aber grundsätzliche Wahlmöglichkeiten. Die Erhebung zeigt klar, dass auch in diesen sieben Ländern eine breite Mehrheit auf die Doppik umstellen will. Im Einzelnen zeigt die folgende Abbildung 24 die Ergebnisse zur Umstellung auf die Doppik.

Die Reform des kommunalen Haushaltsrechts wird die Kommunalverwaltung grundlegend verändern

In Bayern führen gut 30 % der Kommunen die Doppik nicht ein

Einzig in Bayern weisen gut ein Drittel der Kommunen die doppische Rechnungslegung (noch) zurück und bleiben vorerst bei der alten Kameralistik. Die vornehmlichsten Gründe zur Beibehaltung sind dabei, dass auch die kaufmännische doppelte Buchführung lediglich eine Technik ist. Sie kann nichts abbilden, was nicht auch durch die Kameralistik dargestellt werden könnte. Letztere reduziert lediglich die Buchungsvorgänge auf das, was aus Verwaltungs- und Parlamentssicht wesentlich ist (vergleiche Sarrazin 2008, S. 3). Thilo Sarrazin, Senator für Finanzen des Landes Berlin, räumt zwar einerseits ein, dass die doppelte Buchführung den Vorteil hat, dass durch sie ein geschlossener Buchungskreislauf abgebildet werden kann und gleichermaßen einen Vermögensvergleich in Art einer Bilanz erlaubt. Andererseits hält er den Anhängern der Doppik vor, dass nach wie vor die Probleme bei der Einführung einer Kosten- und Leistungsrechnung im Bereich der öffentlichen Verwaltung auch mit der Einführung der Doppik bestehen bleiben (vergleiche Sarrazin 2008, S. 3).

Der Entscheidung zur Beibehaltung der Kameralistik können jedoch gewichtige Argumente entgegengebracht werden. So argumentiert beispielsweise Budäus damit, dass die Kameralistik in ihrer Grundstruktur auf die Bedürfnisse eines absolutistisch-zentralen Staatswesens zugeschnitten ist.

Nur die Doppik kann den Geldverbrauch und -zufluss innerhalb einer Periode abbilden

Daher ist sie einzig in der Lage, den Geldverbrauch beziehungsweise den

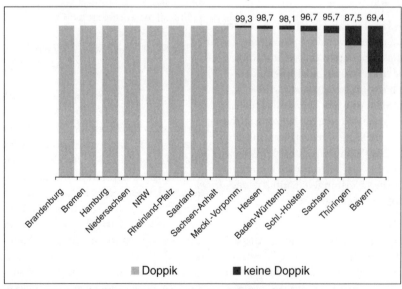

Abbildung 24: Grundsätzliche Entscheidung zur Umstellung auf die Doppik (in Prozent der Nennungen aus den jeweiligen Ländern)
Quelle: KGSt 2008, S. 3

Geldzufluss innerhalb einer Periode abzubilden, der tatsächliche Verbrauch und Ertrag an Ressourcen wird jedoch damit nicht oder nur sehr verzerrt dargestellt (vergleiche Budäus 2008, S. 3). Abseits dieser Argumentationen zeichnet sich auch in den Ländern mit Wahlmöglichkeit eine breite Mehrheit für die Umstellung auf die Doppik ab.

Die Empirie zeigt weiterführend ein eindeutiges Bild hinsichtlich des Nutzens der Doppik (vergleiche Abbildung 25).

Über 45 % der befragten Kommunen sehen den Nutzen der Reform des Haushalts- und Rechnungswesens in den Kategorien »eher hoch« (37,4 %) und »sehr hoch« (8,0 %).

Auf die bei der Umstellung auf die Doppik gesammelten Erfahrungen geht das nachfolgende Interview mit Roland Schwing, Landrat des Landkreises Miltenberg/Bayern, ein. Der Landkreis Miltenberg hat seit Anfang 2008, also mit Beginn des Wahlrechtes zur Umstellung des Rechnungssystems in Bayern, auf die Doppik umgestellt. Das erste Fazit nach acht Monaten lautete im August wie folgt: »Es läuft gut. [...] Vor allem für die Politiker hat Doppik Vorteile« (Schwing 2008, S. 7). Schwing argumentiert, dass etwa der Haushaltstext nur noch ein Drittel so dick sei sowie die Planungen wesentlich besser und übersichtlicher zu gestalten seien (vergleiche Schwing 2008, S. 7).

Im Folgenden erläutert Landrat Roland Schwing im Rahmen eines Interviews Einzelaspekte der Umstellung sowie die gesammelten Erfahrungen nach nahezu einem Jahr seit der Einführung der Doppik.

Über 45 % der befragten Kommunen beurteilen den Nutzen der Reform »eher hoch«

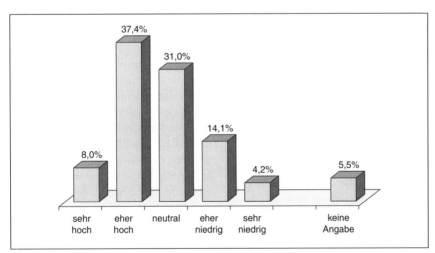

Abbildung 25: Einschätzung des Nutzens der Reform des Haushalts- und Rechnungswesens (Nennungen in Prozent, bundesweit)
Quelle: KGSt 2008, S. 4

Interview mit Roland Schwing, Landrat des Landkreises Miltenberg

Die wirtschaftlichen Rahmenbedingungen für öffentliche Institutionen unterliegen seit Jahren dynamischen Veränderungen. Welche spezifischen Herausforderungen ergeben sich daraus für den Landkreis Miltenberg?

Wir haben auf die schwankenden Steuereinnahmen mit Anpassungen des Investitionsvolumens unseres Landkreises sowie auch des Hebesatzes der Kreisumlage reagiert. Darüber hinaus haben wir die Bildung von Netzwerken mit den Nachbarlandkreisen und kreisfreien Städten zur Wirtschafts- und Tourismusförderung vorangetrieben. Zusätzlich haben wir landesweite Förderprogramme wie LEADER oder Bayern Innovativ genutzt. Einen besonders wichtigen Aspekt unserer Arbeit stellt der sparsame Umgang mit den uns von den Steuerzahlern zur Verfügung gestellten Ressourcen dar, zum Beispiel durch Projekte wie »Intelligentes Sparen«. In diesem Zusammenhang steht unmittelbar auch der Einsatz einer Kosten- und Leistungsrechnung (KLR) als modernes Steuerungsinstrument. Letztere ist integriert in den erfolgreichen Aufbau eines optimierten Rechnungswesens, das die Elemente Finanzbuchführung, KLR und Controlling integrativ miteinander verknüpft.

Was sind die wichtigsten strategischen und operativen Ziele des Landkreises Miltenberg?

Wir als Landkreis Miltenberg wollen, gemeinsam mit den Mitgliedern des Bayerischen Innovationsrings für Kreisverwaltungen, die Speerspitze der Verwaltungsmodernisierung in Bayern weiterhin bilden. Deshalb stellt die Etablierung einer effizienten Verwaltung ein wichtiges Ziel des Landkreises Miltenberg dar. Mit innovativen Konzepten wollen wir die Zukunftsaufgaben wie Sicherung von Arbeitsplätzen, Ansiedlung neuer Unternehmen oder demografische Entwicklung meistern.

Wer hat diese Ziele formuliert? Wo sind sie abgebildet?

Zunächst legt der Kreistag die strategischen Ziele fest. Die operativen Ziele werden in Form eines Zielvereinbarungsprozesses zwischen Politik und Verwaltung definiert. Die Verwaltung erarbeitet hierzu entsprechende Vorschläge. Die Abbildung der Ziele erfolgt sowohl im doppischen Haushalt als auch in den Produktbeschreibungen.

Welche Rolle spielen das Rechnungswesen und das Controlling bei der Verfolgung der Ziele des Kreises Miltenberg?

Das Rechnungswesen und das Controlling liefern Daten zur Definition unserer strategischen und operativen Ziele. Darüber hinaus plant das Controlling das Budget unseres Landkreises in Abstimmung mit den wirtschaftlichen Einheiten des Landkreises und legt mit diesen Ziele für das nächste Haushaltsjahr fest. Die vereinbarten Ziele werden vom Controlling anschließend überprüft, festgestellte Plan-Ist-Abweichungen werden analysiert. Dies setzt die Entwicklung, Berechnung und Analyse von Kennzahlen zur Abbildung unseres Geschäftsbetriebes voraus. Begleitend dazu dokumentieren wir die gesamte wirtschaftliche Entwicklung unseres Landkreises in Form eines Jahresberichts.

Sie haben als einer der ersten Landkreise in Bayern Ihr Rechnungswesen auf die doppelte Buchführung (Doppik) umgestellt. Welche Maßnahmen waren in der Vorbereitungsphase und in der Durchführungsphase für die Umstellung von der Kameralistik auf die Doppik notwendig?

In der Vorbereitungsphase war zunächst ein Beschluss des Kreistages erforderlich. Im Anschluss daran stimmten sich die Kämmerei und die Controllingabteilung zur zukünftigen Haushalts- und Produktsystematik ab. Anschließend wurden alle Leiter der wirtschaftlichen Einheiten über den Plan der Innenministerkonferenz informiert. Die Bildung einer Steuerungsgruppe zur Vermögenserfassung und -bewertung und die Bewertung und Erfassung des Vermögens waren die beiden nächsten Schritte. Begleitend dazu erfolgte zunächst die Auswahl der Buchhaltungssoftware, gefolgt von der Adaption der bereits vorhandenen Hardware an die Spezifika der Doppik. Ein weiterer vorbereitender Schritt war die Erstellung von Stammdatenlisten (Haushaltsstellen alt – Produktkonten neu) für die Finanzsoftware und die Kosten- und Leistungsrechnungssoftware. Damit verbunden waren Schulungsmaßnahmen des Personals in Bezug auf die Einführung der neuen Software.

In der Durchführungsphase fanden zunächst wieder Softwareschulungen für alle betroffenen Mitarbeiterinnen und Mitarbeiter des Hauses statt. Wichtig in dieser Phase war es auch, dass wir feste Ansprechpartner für die Mitarbeiterinnen und Mitarbeiter zu allen Fragen rund um die neue Finanzsoftware sowie zur Kosten- und Leistungsrechnung bestimmten und dies auch in der Verwaltung aktiv kommunizierten.

Wir haben zu dieser Zeit festgestellt, dass die komplexere Finanzsoftware einen erhöhten Aufwand für die Administration und die Anwenderbetreuung erfordert. Neben den hausinternen Schulungen fanden darüber hinaus Schulungsveranstaltungen für Mitglieder des Kreistages statt.

Welche Rolle spielt in diesem Zusammenhang die von Ihnen gebildete Projektgruppe? Welche Aufgaben nahm sie wahr? Wie setzte sie sich zusammen?

Die Projektgruppe hatte eine tragende Rolle im Zuge der Vorbereitung und Umsetzung der Doppik-Einführung übernommen. Im Speziellen waren ihre Zuständigkeitsbereiche wie folgt definiert: Sie zeichnete verantwortlich für die Ablaufplanung der Vermögenserfassung und -bewertung, für die Organisation der Vermögenserfassung und -bewertung, für die Abstimmung und Festlegung der Inventurfelder sowie die dafür verantwortlichen Personen. Darüber hinaus beantwortete sie Fachfragen, zum Beispiel zur Abschreibungsdauer, und erstellte Dienstvereinbarungen zur Erfassung und zur Bewertung des Vermögens.

Die Projektgruppe bestand aus Mitarbeitern der Rechnungsprüfung, der Kämmerei und des Controllings.

Was bringt Ihnen die Doppik? Können Sie damit besser steuern?

Die Doppik bietet mehr Transparenz über die Geschäftsvorgänge unseres Landkreises. Hinzu kommt ein schlankerer Haushalt mit einer deutlichen Fokussierung auf die wichtigsten Positionen. Unser Haushalt ist jetzt nach Organisationsbereichen und Produkten gegliedert, damit können wir eine Kongruenz unserer Budgets mit den Verantwortungsbereichen herstellen. Wichtig ist mir auch die jetzt mögliche vernünftige und nach betriebswirtschaftlichen Maßgaben ermittelte Darstellung des Ressourcenverbrauchs. So beinhaltet die Eröffnungsbilanz beispielsweise alle erforderlichen Daten zu Schulden und Verbindlichkeiten, zum Anlagevermögen und letztlich auch zur Eigenkapitalposition.

Veränderungen gibt es auch im Rahmen der Steuerung. So muss zum Beispiel bei neuen Investitionsprojekten zukünftig auch die Abschreibung erwirtschaftet werden. Für vermögensrelevante Geschäftsvorfälle werden durch die Doppik die Entscheidung über den Vermögenserwerb und dessen Folgekosten deutlich gemacht. Darüber hinaus sind die Ziele des Landkreises im Organisationshaushalt abgebildet.

Was waren die wichtigsten Erfahrungen, die Sie bei der Umstellung auf die Doppik gesammelt haben?

Zunächst ist zu sagen, dass die Umstellung des Haushaltes und der Kosten- und Leistungsrechnung parallel erfolgen sollte. Mit der Einführung der Doppik wurde in der Verwaltung ein Bewusstsein für Vermögenswerte geschaffen. Die Umstellung muss – aus finanzieller Sicht – zum richtigen Zeitpunkt erfolgen, das heißt, es darf aus der Umstellung keine Erhöhung der Kreisumlagen für die zu erwirtschaftenden Abschreibungen resultieren.

Mit der Umstellung geht ein zeitaufwändiger und kontinuierlicher Abstimmungsprozess mit dem Softwarehersteller einher, der allerdings nach dem Vorliegen zentraler Vorgaben der Staatsregierung (VVKommHSyst-Doppik) nun weniger werden müsste.

Zuletzt ist es wichtig, darauf zu achten, dass die Vermögenserfassung und -bewertung mit der Umstellung auf die doppische Buchhaltung abgeschlossen sein sollte.

Was würden Sie das nächste Mal anders machen, was würden Sie unbedingt beibehalten?

Würden wir das Projekt der Umstellung nochmals angehen, würde ich den Einführungsprozess zeitlich gestraffter durchführen. Unbedingt beibehalten werden sollte die gute und vertrauensvolle Zusammenarbeit von Kämmerei, Kasse, Controlling und Rechnungsprüfung. Auch die Umstellung des Haushalts und der Kosten- und Leistungsrechnung auf die Doppik sollte zwingend parallel verlaufen. Positive Erfahrungen haben wir mit unseren Informationsveranstaltungen für die Politik sowie der frühzeitigen Einbindung der betroffenen Mitarbeiterinnen und Mitarbeiter gemacht. Ebenfalls positiv war, dass keine Unternehmensberatung die Änderungen von außen angestoßen hat. Wir empfehlen auch, dass die Umstellung in Abstimmung mit anderen Landkreisen stattfinden sollte.

Welcher Aufwand war für den Kreis Miltenberg mit der Einführung der Doppik verbunden?

Der größte Aufwand entstand durch den erhöhten Personaleinsatz, die Softwareschulungen sowie die Mitarbeit in den Projektgruppen des Innovationsrings, den wir mit anderen Landkreisen gebildet haben. Hinzu kamen Kosten für die neue Soft- und Hardware.

Was würden Sie einer öffentlichen Institution raten, die den Wechsel zur Dop-

pik in Erwägung zieht, allerdings noch nicht abschließend entschieden hat?

Ich schlage als erste Maßnahme vor, dass die betreffende Institution ein positives Beispiel einer Doppik-Einführung sucht und sich darüber informiert. Dann sollte die Entscheidung über einen Wechsel schnell getroffen, beschlossen und umgesetzt werden. Im Anschluss an die Entschlussfassung gilt es, eine Projektgruppe zu installieren, die den Ablauf und die Organisation der Umstellung steuert. Entscheidend ist, dass von vornherein Zuständigkeiten beziehungsweise Verantwortlichkeiten für den Umsetzungsprozess klar definiert werden. Speziell empfiehlt es sich, die Entscheidungsträger auf die neuen Ergebnisse, insbesondere der Eröffnungsbilanz, frühzeitig vorzubereiten.

Welchen Stellenwert hat die Doppik für ein Controlling in Ihrem Landkreis?

Dazu ist zunächst zu sagen, dass das Controlling unabhängig vom Buchführungsstil ist. Es wurde bereits mit der Kameralistik bei uns eingeführt.

Aufgrund der Doppik-Umstellung werden zum Beispiel die Abschreibungen jetzt aus der Buchhaltung übernommen und müssen nicht mehr separat berechnet werden. Darüber hinaus ist mit der neuen KommHV-Doppik eine KLR verpflichtend zu führen, vor der letzten Rechtsänderung war dies noch freiwillig. Nicht vergessen werden sollte auch, dass die Doppik mit den Bilanzkennziffern neue, weitere Kennzahlen für das Controlling liefert.

Welche Instrumente des operativen und strategischen Controllings kommen in Ihrer Kreisverwaltung zum Einsatz?

Wir arbeiten mit Produktdefinitionen und -beschreibungen, wir führen Zielvereinbarungen über qualitative und quantitative Ziele durch, wir planen und überwachen Budgets und nehmen Kennzahlenvergleiche vor. Darüber hinaus betreiben wir ein Berichtswesen und führen Plan-Ist-Vergleiche sowie ABC-Analysen durch.

Was ist Ihr persönliches Verständnis von Controlling?

Controlling bedeutet für mich Führungsunterstützung. Es beschafft die zur Planung und Steuerung erforderlichen Informationen und bereitet diese auf. Daneben realisiert es die Steuerung von Organisationen durch die Verwendung von Controllinginstrumenten, vor allem beim Auftreten von Zielabweichungen.

Was macht aus Ihrer Sicht modernes Management eines Kreises aus?

Ein modernes Management eines Kreises zeichnet sich dadurch aus, dass sich Verwaltung als ein politisch gesteuertes Dienstleistungsunternehmen betrachtet. Dazu gehören ein hohes Maß an Kundenorientierung, aber auch das Ziel einer effizienten Verwaltung, was ein leistungsfähiges Rechnungswesen und eine betriebswirtschaftliche Grundausrichtung einschließt. Darüber hinaus zählen die Personalentwicklung und die Führungskräfteentwicklung zu wichtigen Aufgaben eines modernen Verwaltungsmanagements. Gestützt werden muss dies durch den Einsatz moderner Kommunikationstechniken. Nicht zuletzt gehört dazu auch die bereits zuvor mehrfach genannte Bildung von Netzwerken mit anderen Landkreisen und Städten.

Die Fragen stellten Dr. Dominik Hammer und Prof. Dr. Bernhard Hirsch

6 Erfolgsfaktoren für Reformvorhaben in öffentlichen Institutionen – und der Beitrag der Controller

Die vorliegenden Beispiele aus den Kapiteln 3 bis 5 machen deutlich, dass Reformanstrengungen in staatlichen Institutionen – hin zu einem modernen Controlling – durchaus gelingen können. Die Autoren dieses Advanced Controlling-Bandes haben in unterschiedlichen Bereichen Reformprojekte der öffentlichen Verwaltung begleitet und nehmen diese Erfahrungen als Basis, um Erfolgsfaktoren von Reformprojekten in öffentlichen Institutionen zu benennen. Diese lassen sich wie folgt zusammenfassen und werden anschließend ausführlich begründet:

- Klare Zielvorstellung entwickeln
- Rückendeckung sicherstellen
- Steuerungsmodell aufsetzen
- Transparenz schaffen
- Konsequenz zeigen
- Change Management betreiben

Die Controller in der öffentlichen Verwaltung gehören zu den wichtigsten Akteuren bei der Konzeption und Umsetzung von Maßnahmen zur Verbesserung von Effektivität und Effizienz der Leistungserbringung. So unterstützen sie beispielsweise bei der Formulierung der strategischen Stoßrichtung und dem Steuerungsmodell, sind verantwortlich für den Aufbau adäquater Ziel- und Kennzahlensysteme oder unterstützen mit ihren Instrumenten die Planung und Nachhaltung konkreter Umsetzungsschritte. Daneben sorgen sie für Transparenz zur Wirkung und Wirtschaftlichkeit der Leistungserbringung und fungieren als Prozesstreiber für das Topmanagement. Doch nicht nur das fachliche und methodische Wissen der Controller entscheidet über deren Beitrag zum Reformerfolg. Auch deren Positionierung in der Verwaltung und die Akzeptanz bei den Führungskräften spielt eine gewichtige Rolle.

Klare Zielvorstellung entwickeln

Unabhängig davon, ob auf Bundes-, Länder- oder kommunaler Ebene Aktivitäten zur Verbesserung von Effektivität und Effizienz der Leistungserbringung in Angriff genommen werden, befinden sich die Akteure immer im Spannungsfeld zwischen den Verantwortungssphären der Politik und der Verwaltung. Im Idealfall beschränkt sich die Politik auf die Festlegung des »Was«, legt also fest, welche Ziele erreicht werden sollen, und überlässt der Verwaltung das »Wie« der Aufgabendurchführung. Doch auch in diesem Idealfall ist es für die öffentliche Institution erfolgsentscheidend, zu ei-

Die Akteure im Spannungsfeld zwischen Politik und Verwaltung

Der Controller ist einer der wichtigsten Akteure für die Konzeption und Umsetzung von neuen Steuerungsmodellen

nem sehr frühen Zeitpunkt des Reformvorhabens Klarheit über die Zukunftsvision zu schaffen und ein realistisches Bild zur Erfolgsaussicht zu zeichnen. Dabei gilt es, mögliche Zielkonflikte und Risiken zu bedenken und in die Planung des Vorgehens einzubeziehen. Nicht alles, was »in der reinen Lehre« notwendig wäre, ist politisch umsetzbar. Und nicht jedes Vorgehen, das in anderen Unternehmen oder öffentlichen Institutionen erfolgreich war, lässt sich auf die eigene Organisation übertragen.

Die Entwicklung der Zielvorstellung setzt eine umfangreiche Analyse des Status quo voraus

Zur Entwicklung der Zielvorstellung bedarf es daher einer intensiven Auseinandersetzung mit der Ausgangslage, den Rahmenbedingungen, den Veränderungsnotwendigkeiten und -möglichkeiten im Rahmen der bestehenden Verantwortung, um darauf aufbauend ein klares und verständliches Bild der Zukunft zu schaffen. Dieses muss im Anschluss sowohl intern gegenüber Führungskräften, Mitarbeitern, Personalvertretung und Aufsichtsgremien als auch extern gegenüber Politik, Kunden und Öffentlichkeit nachvollziehbar und mit Fingerspitzengefühl kommuniziert werden.

Die Controller können den Prozess der Zielvorstellung moderieren und durch Methodenkompetenz unterstützen

Die wichtigste Aufgabe der Controller in diesem Zusammenhang ist es, den Prozess der Entwicklung der Zielvorstellung zu moderieren und mit geeigneten Methoden die Ableitung und Formulierung von strategischen Zielen zu unterstützen. Die Unterschiede der Zielinhalte zwischen Privatwirtschaft und öffentlicher Verwaltung, in der primär auf wirkungsorientierte Ziele abgestellt wird, sind groß. Für die Controller lohnt ein Vergleich mit der Privatwirtschaft an dieser Stelle daher meist nur auf der instrumentellen und methodischen Ebene. Hinreichend spezifizierte und ver-

Die obersten Führungskräfte sind nicht Adressaten, sondern Teil der Kommunikation

ständlich formulierte strategische Ziele lassen sich in einem nächsten Schritt in ein Zielsystem überführen, anhand dessen der Fortschritt und die Zielerreichung regelmäßig nachvollzogen werden kann.

Rückendeckung sicherstellen

Bei der Sicherstellung der uneingeschränkten Unterstützung des Reformvorhabens sollte in der öffentlichen Verwaltung immer in zwei Richtungen gearbeitet werden. Zum einen müssen die wichtigsten politischen Stakeholder von der Umsetzung der Veränderungen überzeugt werden. Die Schwierigkeit dabei ist, dass deren Commitment für einen in der Zeitrechnung der Politik eher langfristigen Zeitraum Gültigkeit aufweisen muss. Die Politik wird damit in das Dilemma geführt, zwar eine langfristige Strategie haben, aber möglichst kurzfristig Erfolge aufweisen zu müssen. Wie entscheidend dieser Aspekt trotz allem ist, zeigen die Beispiele in diesem Band sowie viele andere erfolgreiche Projekte im öffentlichen Bereich. So berichten Köhler/Krechel (2008, S. 221) beispielsweise zur Einführung des Rechnungswesens in der Stadt Nürnberg: »Es gab somit von politischer Seite eine uneingeschränkte Rückendeckung sowohl inhaltlicher Art als auch in Bezug auf die Bereitstellung finanzieller Mittel. Rückblickend denke ich, dass das ein wichtiger Faktor für den Erfolg des Projektes war.«

Zum anderen muss auch die eigene Organisation hinter dem Vorhaben versammelt werden. Eine besondere Rolle spielen dabei die obersten Führungskräfte (siehe auch Plag 2007, S. 403). Sie verantworten in der Folge viele der Projektinitiativen, entscheiden über den Einsatz interner und externer Ressourcen und werden an der Erreichung der angestrebten Ziele gemessen. Der Veränderungswille, den sie ausstrahlen, überträgt sich üblicherweise unmittelbar auf große Teile der Organisation. Die obersten Führungskräfte sind damit nicht Adressaten, sondern Teil der Kommunikation, die nach innen aufgebaut werden muss. Indem sie üblicherweise die Schnittstelle in die übergeordneten Instanzen und die Politik darstellen, kommt ihnen zudem eine wichtige Funktion in der Außendarstellung der Veränderungsinitiativen zu, sodass auf sie als Unterstützer der Projekte auf keinen Fall verzichtet werden kann.

Aufgabe der Controller ist es, eine Umfeldanalyse für die eigene Verwaltung durchzuführen, um zu klären, wer die Stakeholder vor allem in der Politik, der Öffentlichkeit und den Aufsichtsgremien sind, welche Interessen sie verfolgen und welche Informationsbedarfe sie im Hinblick auf die Rückmeldung zum Verlauf der Reformaktivitäten haben. Auf dieser Basis ist eine gezielte Ansprache der einzelnen Interessengruppen möglich, und verwaltungsintern kann ein geeignetes Kommunikationskonzept erarbeitet werden, mit dem die Rückendeckung gesichert wird. Aufgabe der Controller ist es, die Informationsbedarfe der Stakeholder durch die Bereitstellung geeigneter Berichte zu befriedigen. Dabei sollten sie versuchen, aktiv Einfluss auf die Inhalte zu nehmen mit dem Ziel, »Parallelwelten« zu vermeiden und im Idealfall die Berichte an die Stakeholder aus den internen Berichten zur Steuerung zu befüllen. Die Inhalte müssen regelmäßig auf Relevanz und Aktualität überprüft werden, da sich gerade bei langfristig angelegten Veränderungsinitiativen die steuerungsrelevanten Kennzahlen im Zeitablauf ändern. Die Veröffentlichung von Kennzahlen, die den Fortschritt nicht mehr richtig abbilden und unter Umständen sogar ein falsches Bild des Status quo zeichnen, können die Rückendeckung der Stakeholder schnell bröckeln lassen.

Steuerungsmodell aufsetzen

Große Reformvorhaben, das hat insbesondere die Bundesagentur für Arbeit gezeigt, wurden sehr erfolgreich umgesetzt, weil ein passgenaues Steuerungsmodell adäquat aufgesetzt und das gemeinsame Steuerungsverständnis frühzeitig geklärt wurde. Einen »One-size-fits-all-Ansatz« gibt es erwartungsgemäß auch hierzu nicht. Vielmehr muss das Steuerungsmodell in Abhängigkeit vom Prozess- und Aufgabentyp der jeweiligen Behörde festgelegt werden (siehe auch BMI 2006, S. 11). Ähnlich wie die Formulierung der Zielvorstellung ist die Entwicklung des Steuerungsmodells eine Aufgabe, die zu Beginn der Veränderungsaktivitäten gelöst werden muss, da sich alle Einzelinitiativen in dieses Steuerungsmodell einordnen lassen müssen.

Eine hilfreiche Unterstützung beim Aufbau des Steuerungsmodells ist der in Abbildung 26 dargestellte Gesamtrahmen zur Steuerung. Dieser macht deutlich, welche Steuerungselemente berücksichtigt und in ihrer Ausgestaltung adäquat aufeinander abgestimmt werden müssen, um die Organisation erfolgreich zu steuern.

Auch hier gilt: Es gibt keinen »One-size-fits-all-Ansatz«

Die Umfeldanalyse für die eigene Verwaltung ist Aufgabe der Controller

Abbildung 26: Gesamtrahmen zur Steuerung in der öffentlichen Verwaltung
Quelle: CTcon

Die üblichen Informationen aus Haushalts- und Stellenplan reichen nicht aus

Mit drei zunächst selbstverständlich wirkenden Steuerungsprinzipien wurde beispielsweise in der BA ein für alle Beteiligten verständlicher Rahmen geschaffen, der in der Folge der grundsätzlichen Orientierung diente. Das Prinzip »Wirkung und Wirtschaftlichkeit« zeigt vor allem dem Controlling auf, wie das Zielsystem und die zur Steuerung der Organisation erforderlichen Kennzahlen auszugestalten sind. Das Prinzip »Transparenz« gibt einerseits für den Aufbau und die Ausgestaltung der IT-Systeme die Richtung vor, beeinflusst andererseits aber auch das Verhalten und die Kommunikation von Führungskräften und Mitarbeitern ganz entscheidend. Das Prinzip »dezentrale Verantwortung« schließlich trägt zur Klärung des Steuerungsverständnisses bei, indem Rechte, Pflichten und Verantwortlichkeiten von zentralen und dezentralen Einheiten festgelegt werden.

Das Steuerungsmodell hat erhebliche Auswirkungen auf die Aufbau- und Ablauforganisation des Unternehmens und bestimmt die im Controlling zu entwickelnden und anzuwendenden Methoden und Instrumente. Es hat zudem Auswirkungen auf die Anreiz- und Beurteilungssysteme sowie auf die Qualifizierungsaktivitäten für Führungskräfte und Mitarbeiter. Konkrete Aufgabe der Controller ist es, über die Einhaltung der im Steuerungsmodell vereinbarten Prinzipien zu wachen, deren Einhaltung von allen Beteiligten permanent einzufordern und bei Verstößen entsprechend zu informieren und zu eskalieren.

Transparenz schaffen

Die Informationen aus Haushalts- und Stellenplan reichen üblicherweise nicht aus, die Leistungsfähigkeit einer Verwaltung vollständig abzubilden. Die Bereitstellung steuerungsrelevanter Informationen beispielsweise zu den Kosten der Leistungserbringung, zu Prozessen und Produkten sowie zur Wirkung der Leistungserstellung muss das Controlling daher aus anderen Quellen liefern können. In der Aufbauphase müssen die Controller daher geeignete Fachkonzepte zur Abbildung des Geschäftsmodells konzipieren und die Implementierung der entsprechenden IT-Verfahren unterstützen. Kernkompetenz der Controller muss es zudem sein, gemeinsam mit den Top-Führungskräften die Auswahl der steuerungsrelevanten Daten vorzunehmen und ein adressatengerechtes Berichtswesen aufzubauen.

Transparenz hilft, bestehende Verbesserungspotenziale im operativen Geschäft zu identifizieren. Unterstützung leisten dabei auch in der Verwaltung die von den Controllern durchzuführenden Analysen von Plan-Ist- und Ist-Ist-Abweichungen. Behörden mit vergleichbarem Geschäft an mehreren Standorten, wie beispielsweise die Arbeitsagenturen in der Bundesagentur für Arbeit oder die Finanzämter in der Finanzverwaltung, können darüber hinaus ein internes Benchmarking aufsetzen, um die Transparenz zum Leistungsstand der Organisationseinheiten zu erhöhen. Transparenz unterstützt zum anderen, die Performance der Führungskräfte in ihrem jeweiligen Verantwortungsbereich nachzuvollziehen. Die individuelle Leistungsfähigkeit vor allem der Führungskräfte in den Schlüsselpositionen kann über Erfolg und Misserfolg großer Reformprojekte entscheiden. Besteht darüber Transparenz, können die nachweisbar geeigneten Führungskräfte an den erfolgskritischen Stellen im Unternehmen platziert werden.

Ein dritter, mindestens ebenso wichtiger Aspekt betrifft die Schaffung von Transparenz durch regelmäßige Kommunikation zum Reformvorhaben. Insbesondere die systematische und intensive Kommunikation von frühen Erfolgen hat sich als äußerst wirksam für das weitere Vorgehen im Prozess gezeigt (vergleiche Plag 2007, S. 289). Innerhalb der öffentlichen Verwaltung spielen die Kommunikationsaktivitäten als Teil des begleitenden Change Managements eine wichtige Rolle. Gegenüber den externen Anspruchsgruppen ist eine angemessene Offenheit ebenso erfolgskritisch. Sowohl mit den Befürwortern als auch mit den Kritikern der Reform sollte aktiv in einen offenen Dialog zu den Erfolgen und Herausforderungen im Projekt getreten werden.

Konsequenz zeigen

Die Durchsetzung von Veränderungen bedeutet auch, unbequeme Entscheidungen treffen zu müssen. Mittlerweile überflüssige, aber eventuell lieb gewonnene Vorschriften und Verfahren müssen gestrichen werden. Es gilt, Prioritäten neu festzulegen, unübersichtliche Verantwortlichkeiten zu entflechten und Doppelzuständigkeiten auszuräumen. Auch bestehende, den Prozess hemmende »Seilschaften« müssen sichtbar aufgelöst und personelle Maßnahmen vollzogen werden. Neben die Trennung von der Vergangenheit tritt die Wahrnehmung neuer Aufgaben, das Zuschneiden und Zuweisen neuer Verantwortungsbereiche und die Einführung von positiven wie negativen leistungsabhängigen Anreizen. Alle diese Aspekte können Widerstände von Führungskräften, Mitarbeitern und Personalvertretungen auf den Plan rufen, denen, die Zielvorstellung vor Augen, mit Konsequenz begegnet werden muss.

Aufgabe der Controller ist es, die Entscheidungsfindung mit geeigneten Informationen zu unterstützen und das

Veränderungen erfordern auch den Mut zu unbequemen Entscheidungen

Schaffung von Transparenz durch Kommunikation zum Reformvorhaben

Reformen benötigen die Unterstützung aller Mitarbeiter und Stakeholder

Management auf Basis ihrer Analyseergebnisse richtig zu beraten. Informationsquellen sind klassischerweise die Planung und das Managementreporting. Beides muss bereits früh im Prozess von den Controllern konzipiert und umgesetzt werden. Insbesondere in der Anfangsphase von großen Veränderungsinitiativen erhält die regelmäßige Überprüfung der Zielerreichung eine entscheidende Bedeutung. Controller und Management sollten sich hierzu nicht ausschließlich auf die rechtzeitige Lieferung und das Studieren der Monatsberichte beschränken. Vielmehr sollten die erzielten Ergebnisse im persönlichen Dialog zwischen zentral und dezentral verantwortlichen Führungskräften, Topmanagement und Controlling erörtert und Maßnahmen zur Weiterentwicklung gemeinsam abgestimmt werden. Indem sich das Topmanagement regelmäßig persönlich an der Zielnachhaltung beteiligt, signalisiert es die Wichtigkeit, die gemeinsame Zielvorstellung zu erreichen. Bei den operativ verantwortlichen Führungskräften erhöht die regelmäßige persönliche Auseinandersetzung mit den erzielten Ergebnissen die Verbindlichkeit im Handeln. Ein sinnvoller nächster Schritt kann das Führen über Ziele sein. Die Controller unterstützen, beispielsweise mit Informationen zur Leistungserbringung im operativen Geschäft, die inhaltliche und prozessuale Ausgestaltung des Zielvereinbarungssystems. Erst nach der Übungsphase mit dem Instrument Zielvereinbarungen sollte auch über Anreizsysteme mit leistungsabhängigen Vergütungsbestandteilen entschieden werden.

Change Management betreiben

Auch in der öffentlichen Verwaltung reicht es nicht aus, wenn nur ein paar wenige die Reform aktiv vorantreiben. Hierzu bedarf es der Unterstützung aller Mitarbeiter und Stakeholder, die aus diesem Grund aber auch von Anfang an aktiv in den Reformprozess eingebunden werden müssen. »Akzeptanzmanagement und Stakeholdermanagement sind zwei wesentliche Komponenten des föderalen Projektmanagements«, bestätigen die Verantwortlichen für die Einführung des E-Government in Hessen (Hessisches Ministerium des Innern und für Sport 2008, S. 99). Und auch bei der Stadt Nürnberg war das den Veränderungsprozess begleitende Change Management ein zentraler Erfolgsfaktor: »Uns war es von Beginn an dabei wichtig, dass neben der Bewältigung der fachlichen Anforderungen, alle Beteiligten über Ziele, Inhalte und Vorgehen permanent informiert wurden, um die mit dem Umstellungsprozess verbundene Unsicherheit, insbesondere für die betroffenen Mitarbeiter, zu reduzieren« (Köhler/Krechel 2008, S. 221).

Die typischerweise einzusetzenden Methoden und Instrumente des Veränderungsmanagements sind nahezu identisch zu denen, die in der Privatwirtschaft eingesetzt werden. Sie reichen von der systematischen projektbegleitenden Kommunikation über die Übertragung von Verantwortung für Teilaufgaben im Projekt bis hin zur Qualifizierung der Mitarbeiter. Der einzige Unterschied besteht darin, dass gegebenenfalls deutlich stärker die kulturellen Aspekte der über Jahrzehnte gewachsenen, traditionell inputorientierten und regelgesteuerten

Verwaltung respektiert und adäquat berücksichtigt werden müssen.

Die Controller können in diesem Zusammenhang eine sehr wichtige Rolle übernehmen. An der Konzeption und Umsetzung aller oben genannten Erfolgsfaktoren sind sie unmittelbar beteiligt. Die Controller

- unterstützen die Entwicklung der Zielvorstellung und übersetzen diese für die Mitarbeiter und Stakeholder in das Zielsystem.
- unterstützen die Identifizierung der Stakeholder und informieren regelmäßig, um die interne und externe Rückendeckung sicherzustellen.
- unterstützen die Konzeption des Steuerungsmodells, übernehmen die Federführung zu dessen Umsetzung und wachen über die Einhaltung der Prinzipien.
- unterstützen die Schaffung von Transparenz zum Fortschritt des Reformvorhabens und zu Verbesserungen in der Leistungserbringung.
- unterstützen die konsequente Durchsetzung von aufbau- und ablauforganisatorischen und personellen Entscheidungen mithilfe steuerungsrelevanter Informationen.

Allerdings sollten die Controller auch Zielgruppe des Change Managements sein. Häufig wird die Controllingfunktion im Rahmen der Umsetzung von Reformvorhaben erstmals eingerichtet. Die Mitarbeiter finden sich in einer neuen Rolle mit neuen Aufgaben und Verantwortlichkeiten, auf die sie insbesondere mit geeigneten Qualifizierungsmaßnahmen vorbereitet werden sollten.

Zwei weitere Erfolgsfaktoren im Zusammenhang mit grundsätzlichen Reformvorhaben oder auch »nur« dem Controllingaufbau in der öffentlichen Verwaltung, sind die Einplanung ausreichender zeitlicher, personeller und finanzieller Ressourcen einerseits und die enge Verzahnung und die Parallelität der Aktivitäten andererseits.

Die Verantwortlichen in öffentlichen Institutionen benötigen mitunter einen langen Atem, um ihre Organisation zielgerichtet zu verändern. Der Reformprozess der Bundesagentur für Arbeit begann im Jahre 2003 und ist fünf Jahre später sehr weit fortgeschritten, aber noch nicht in allen Bereichen abgeschlossen. In kleineren Behörden kann dies gegebenenfalls schneller gehen, allerdings sollte auch hier den Projekten ausreichend Zeit eingeräumt werden, um die gewünschten Veränderungen zu erzielen. Üblicherweise müssen sehr viele Einzelaspekte, von der Steuerungslogik bis zu den IT-Systemen, von der Entwicklung der Ziel- und Kennzahlensysteme bis zur Mitarbeiterqualifizierung im Rahmen der Veränderungsvorhaben berücksichtigt werden. Dabei zeigt die Erfahrung, dass die großen Themen nicht zeitlich gestaffelt, sondern parallel in Angriff genommen werden müssen. »Die Weiterentwicklung von Personal, Steuerung, Organisation und die Implementierung der Informationstechnik müssen zeitlich parallel und sachlich komplementär unter Beachtung von Wirtschaftlichkeitsgesichtspunkten erfolgen« (Bundesministerium des Innern 2006, S. 7). Und auch hier kann das Controlling unterstützen: Ein sauber aufgesetztes und exekutiertes Projektcontrolling schafft den erforderlichen Überblick und unterstützt die erfolgreiche Umsetzung.

Ein langer Atem ist nötig, um Organisationen zielgerichtet und nachhaltig zu verändern

Die Controller sollten auch Zielgruppe des Change Managements sein

7 Literatur und nützliche Links: Wo können Sie sich zusätzlich informieren?

Literatur

Auszug aus der Sammlung der zur Veröffentlichung freigegebenen Beschlüsse der 173. Sitzung der Ständigen Konferenz der Innenminister und -senatoren der Länder am 21. November 2003 in Jena.

Bähr, U. (2002): *Controlling in der öffentlichen Verwaltung*, Sternenfels.

Braun, G. E./Bozem, K. (1990): *Controlling im kommunalen Bereich – Moderne Managementkonzepte zwischen öffentlichem Auftrag und Wirtschaftlichkeit*, München.

Braun, G. E. (1997): *Kommunales Marketing und Controlling als betriebswirtschaftliche Ansätze innerhalb des New Public Management*, Stuttgart.

Brüggemeier, M. (1998): *Controlling in der öffentlichen Verwaltung*, 3. Aufl., München.

Budäus, D. (1992): *Controlling in der öffentlichen Verwaltung – Voraussetzungen eines effizienten Verwaltungsmanagements auf kommunaler Ebene*, Hamburg.

Budäus, D./Buchholz, K. (1997): »Konzeptionelle Grundlagen des Controllings in öffentlichen Verwaltungen«, in: *Die Betriebswirtschaft*, 57. Jg., S. 322–337.

Budäus, D. (2002): »Operatives und strategisches Verwaltungscontrolling im aktuellen Reformprozess des öffentlichen Sektors (Teil 1)«, in: *Controlling*, 14. Jg., S. 205–211.

Budäus, D. (2008): »Sarrazins Rechnung geht nicht auf«, in: *Der Neue Kämmerer*, Ausgabe 03, Juli 2008, S. 3.

Bundesanstalt für Arbeit (2003): *Führung in der neuen BA: Gesamtkonzept Steuerung und Controlling*, Nürnberg.

Bundesministerium des Innern (BMI) (2006): *Zukunftsorientierte Verwaltung durch Innovationen. Regierungsprogramm*, Berlin.

Egli, H.-P./Käch, U. (1995):»Instrumente der neuen Verwaltungsführung im Projekt Wirkungsorientierte Verwaltung (WOV) des Kantons Luzern«, in: Halblützel et al. (Hrsg.): *Umbruch in Politik und Verwaltung. Ansichten und Erfahrungen zum New Public Management in der Schweiz*, Bern/Stuttgart/Wien, 1995, S. 165–184.

Graber, K. (2002): »Die Erfolgsfaktoren des New Public Management«, in: *Der Schweizer Treuhänder*, Heft 4, 2002, S. 333–336.

Günther, T./Niepel, M./Schill, O. (2002): »Herausforderungen an die Umsetzung des Neuen Steuerungsmodells aus der Perspektive des Controlling«, in: *Controlling*, 5. Jg., S. 219–231.

Hessisches Ministerium des Innern und für Sport (2008): *Hessen E-Government. Die sieben Stufen zum erfolgreichen E-Government*, Wiesbaden.

Hirsch, B./Mäder, O./Weber, J. (2008): »Ansätze und Methoden des Controllings in der öffentlichen Logistik«, in: Eßig, M./Witt, M. (Hrsg.): *Öffentliche Logistik. Supply Chain Management für den öffentlichen Sektor*, Wiesbaden, 2008, S. 223–261.

Hoffjan, A. (1997): *Entwicklung einer verhaltensorientierten Controlling-Konzeption für die Arbeitsverwaltung*, Wiesbaden.

Homann, K. (2005): *Verwaltungscontrolling: Grundlagen – Konzept – Anwendung*, Wiesbaden.

Hunold, C. (2003): *Kommunale Kostenrechnung – Gestaltung, Nutzung und Erfolgsfaktoren*, 1. Aufl., Diss., WHU, Vallendar.

KGSt-Bericht Nr. 5/1993 (1993): *Das Neue Steuerungsmodell – Begründung, Konturen, Umsetzung*, Köln.

KGSt (2005): *KGSt INFO Sonderdruck*, Mai 2005, Köln.

KGSt (2008): *Stand der Einführung des neuen Haushalts- und Rechnungswesens. Ergebnisse einer bundesweiten Umfrage*, Materialien Nr. 4/2008, Köln.

Köhler, W./Krechel, C. (2008): »Controlling hilft, Abweichungen zwischen politischen Vorstellungen und der Realität zu verringern«, in: *Zeitschrift für Controlling und Management*, Heft 4, 2008, S. 220–223.

Maravic, P. v./Priddat, B. P. (Hrsg.) (2008): *Öffentlich – Privat: Verwaltung als Schnittstellenmanagement*, Marburg.

Müller, U. (2004): *Controlling aus verwaltungswissenschaftlicher Perspektive – Ein Beitrag zur Verwaltungsreform*, Wiesbaden, Diss., UniBw, München.

Plag, M. (2007): *Veränderungsmanagement in Bundesministerien*, Wiesbaden.

Pook, M/Tebbe, G. (2002): *Berichtswesen und Controlling*, München.

Sarrazin, T. (2008): »Die Rechnung geht nicht auf. Neues öffentliches Rechnungswesen hält nicht, was es verspricht«, in: *Der Neue Kämmerer*, Ausgabe 01, Februar 2008, S. 3.

Schwing, R. (2008): »Mehr Durchblick für die Kämmerer«, in: *Bayernkurier Nr. 35*, Jg. 59, 30.08.2008, S. 7.

Schedler, K./Proeller, I. (2006): *New Public Management*, 3. Aufl., Bern.

Tauberger, A. (2008): *Controlling für die öffentliche Verwaltung*, München.

Weber, J./Hunold, C. (2002): »Gestaltung und Nutzung der kommunalen Kostenrechnung – eine empirische Studie«, in: *Kostenrechnungspraxis*, 46 (1), 2002, S. 37–45.

Weber, J./Schäffer, U. (2006): *Einführung in das Controlling*, 11. Aufl., Stuttgart.

Weber, J./Weise, F.-J. (2004): »Rolle des Controllings für die Umgestaltung der Bundesagentur für Arbeit«, in: *Betriebswirtschaftliche Forschung und Praxis*, 4/2004, S. 355–368.

Weber, J. (1988): »Controlling – Möglichkeiten und Grenzen der Übertragbarkeit eines erwerbswirtschaftlichen Führungsinstruments auf öffentliche Institutionen«, in: *DBW*, 48. Jg. (1988), S. 171–194.

Weiterführende Links

Bundesagentur für Arbeit (2009), online im Internet: URL: http://www.arbeitsagentur.de

Bundesregierung (2009): Verwaltung innovativ, online im Internet: URL: http://www.verwaltung-innovativ.de

CTcon (2009), online im Internet: URL: http://www.ctcon.de

Die Kommunale Gemeinschaftsstelle für Verwaltungsmanagement (KGSt), online im Internet: URL: http://www.kgst.de

Hessische Staatskanzlei (2009), online im Internet: URL: http://www.staatskanzlei.hessen.de

Offizieller Internetauftritt des Landkreises Miltenberg: http://www.miltenberg.de

8 Stichwortverzeichnis

3-E-Konzept 18

b
Berichtswesen 17
Besonderheiten der öffentlichen Verwaltung 21
Bundesagentur für Arbeit (BA) 23
– Steuerungs- und Controllingsystem 26
– Controlling 36
  – Aufbau 36
  – Auftrag 36
  – Instrumente 40
  – Prozess 37
  – Rolle 36
  – Wirkung 42
– Leitidee 31
– NPM in der BA 23

c
Controlling in öffentlichen Institutionen
– Bedeutung 18
– Einführung 11
– Rahmenbedingungen 13

e
Erfolgsfaktoren für Reformvorhaben 61
– Change Management 66
– Konsequenz 65
– Rückendeckung 62
– Transparenz 64
– Zielvorstellung 61

g
Gesamtrahmen zur Steuerung 64

h
Haushaltsplanung 17

i
Inputbetrachtung 14

k
Kommunale Ebene
– Einführung der Doppik 53
– Einschätzungen zum Nutzen der Reformen 55
– Entscheidung zur Umstellung auf die Doppik 54
Kommunalverwaltung 17
Kommunen 18
Kontraktmanagement 16
Kosten- und Leistungsrechnung 17

l
Land Hessen 45
– Berichtswesen 47
– Controlling 45
– Controllingkreislauf 47
– Ressortberichte 49

m
Monatsbericht 40

n
Neues Steuerungsmodell (NSM) 14
– Kernelemente 16
– Ziele 15
New Public Management (NPM) 13
– Controlling-Struktur 22
– Ebenen 13
– Merkmale 14

o
Outcome
– Operationalisierung 19
– Ziele 19
Output 19

q
Quartile 37

r
Ressourcenverantwortung 17

s
Soziale Sicherung in Deutschland 25
Sozialgesetzbuch 23

v
Verwaltungscontrolling
– Aufgaben 20
– Einflussgrößen 18
– Ziele 19
Verwaltungsführung 16
Verwaltungsführung 16

In eigener Sache

Ein zentrales Ziel des Instituts für Management und Controlling besteht darin, neueste theoretische Erkenntnisse in die Praxis zu tragen. Dies erfolgt in Vorträgen, Workshops, Arbeitskreisen und im CCM (Center for Controlling & Management), in dem namhafte Großunternehmen mit wissenschaftlichen Mitarbeitern und Studenten eng zusammenarbeiten. Über die Ergebnisse dieser Arbeit wird regelmäßig in der Schriftenreihe Advanced Controlling berichtet. Der Lehrstuhl von Prof. Dr. Dr. h.c. Weber ist seit 2008 Teil des neu gegründeten Instituts für Management und Controlling und arbeitet schon mehr als 15 Jahre eng mit CTcon, einem Spin-off der WHU, zusammen. CTcon ist ein auf Unternehmenssteuerung und Controlling spezialisiertes Beratungs- und Trainingsunternehmen. Seit Jahren setzen führende Konzerne und bedeutende öffentliche Organisationen erfolgreich auf die kompetente Unterstützung von CTcon. Dabei werden die theoretischen Erkenntnisse des Instituts konsequent in innovative Lösungen für die Unternehmenspraxis umgesetzt. Eine gemeinsame praxisbezogene Forschung und ein ständiger fachlicher Gedankenaustausch sind ebenso selbstverständlich wie die Zusammenarbeit in der Hochschulausbildung sowie in maßgeschneiderten Inhouse-Seminaren.

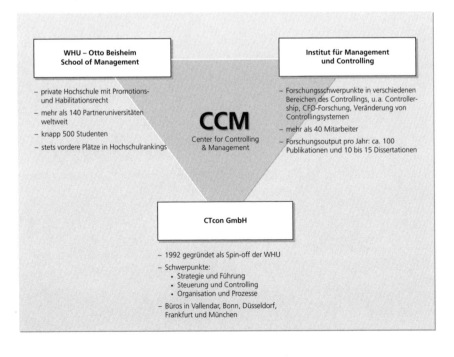

In eigener Sache

Fortsetzung des Bestsellers "Von Top-Controllern lernen"

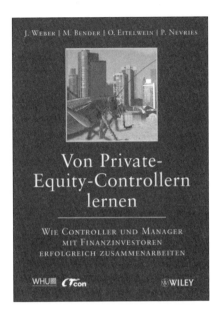

JÜRGEN WEBER et al.
Von Private-Equity-Controllern lernen
Wie Controller und Manager mit Finanzinvestoren erfolgreich zusammenarbeiten

*2009. 272 Seiten, ca. 40 Abbildungen. Gebunden.
ISBN: 978-3-527-50426-8
€ 59,-*

Im Gegensatz zu traditionellen Investoren führen Private Equity-Gesellschaften ihre Beteiligungen sehr eng und aktiv - und das mit großem Erfolg.
Worauf ist dieser Erfolg begründet? Wie managen und controllen Private Equity-Gesellschaften ihre Beteiligungen? Wie nehmen sie Einfluss auf die Unternehmenssteuerungs- und Controllingsysteme ihrer Portfoliounternehmen?

Das neue Buch von Jürgen Weber gibt umfassende Antworten auf alle aufgeworfenen Fragen des Beteiligungsmanagements und -controllings von Private Equity-Gesellschaften und zeigt wie man von diesem Geschäftsmodell lernen kann.

Wiley-VCH
Postfach 10 11 61 • D-69451 Weinheim
Fax: +49 (0)6201 606 184
e-Mail: service@wiley-vch.de • www.wiley-vch.de

Richtungsweisendes Know-how für die Controlling-Praxis

JÜRGEN WEBER (Hrsg.)
Das Advanced-Controlling-Handbuch Volume 2
Richtungsweisende Konzepte, Steuerungssysteme und Instrumente

2007. Ca. 550 Seiten. Gebunden.
ISBN: 978-3-527-50344-5
Ca. € 54,90/sFr 88,-

Weitere Informationen zur
Advanced Controlling-Reihe
erhalten Sie unter
www.advanced-controlling.de

Die Fortsetzung des erfolgreichen Advanced Controlling-Handbuchs enthält wieder viele Themen, die für ein effektives Controlling unverzichtbar sind. Neben aktuellen Controlling-Konzepten enthält der Band wichtige Steuerungssysteme und wichtige Instrumente.

Wiley-VCH
Postfach 10 11 61 • D-69451 Weinheim
Fax: +49 (0)6201 606 184
e-Mail: service@wiley-vch.de • www.wiley-vch.de

Ein Blick hinter die Controlling-Kulissen

JÜRGEN WEBER
Von Top-Controllern lernen
Controlling in den DAX 30-Unternehmen

2007. Ca. 250 Seiten, ca. 60
Abbildungen. Gebunden.
ISBN: 978-3-527-50337-7
Subskriptionspreis ca. € 49,90/sFr 80,-
gültig bis 29. Februar 2008
danach ca. € 59,-/sFr 94,-

Best Practice im deutschen Controlling

Professor Jürgen Weber verdeutlicht, was in deutschen Großunternehmen zz. tatsächlich unter Controlling verstanden wird, welche Stellung das Controlling im Unternehmen besitzt, welche Aufgabenschwerpunkte bestehen und welche Entwicklung es zukünftig nehmen wird. Der Blick wird außerdem auf die Person des Controllers gelegt: Welche Fähigkeiten sollte er besitzen, was zeichnet ihn aus und welchen Weg sollte er in seiner Karriere nehmen?
Das Buch fundiert auf einer breiten empirischen Basis. Es wurden Tiefeninterviews mit Chef-Controllern von DAX 30-Unternehmen durchgeführt. Außerdem wurden die zahlreichen vom Lehrstuhl durchgeführten Studien ausgewertet und integriert.

Wiley-VCH
Postfach 10 11 61 • D-69451 Weinheim
Fax: +49 (0)6201 606 184
e-Mail: service@wiley-vch.de • www.wiley-vch.de